Sous la direction de Céline Thérien

L'Étranger

Albert Camus

Notes, questionnaires et synthèses
établis par Céline Thérien

LES ÉDITIONS
CEC

9001, boul. Louis-H.-La Fontaine, Anjou (Québec) Canada H1J 2C5
Téléphone : 514-351-6010 • Télécopieur : 514-351-3534

Direction de l'édition
Isabelle Marquis

Direction de la production
Danielle Latendresse

Direction de la coordination
Rodolphe Courcy

**Charge de projet et
révision linguistique**
Nicole Lapierre-Vincent

Correction d'épreuves
Marie Théorêt

Conception et réalisation graphique
Girafe & associés

Illustration de la couverture
Stéphane Jorisch

Les Éditions CEC inc. remercient le gouvernement du Québec de l'aide financière accordée à l'édition de cet ouvrage par l'entremise du Programme de crédit d'impôt pour l'édition de livres, administré par la SODEC.

L'Étranger,* collection *Grands Textes
© 2011, Les Éditions CEC inc.
9001, boul. Louis-H.-La Fontaine
Anjou (Québec) H1J 2C5

Dépôt légal : 2011
Bibliothèque et Archives nationales du Québec
Bibliothèque et Archives Canada

ISBN 978-2-7617-3257-4

Imprimé au Canada
1 2 3 4 5   15 14 13 12 11

Imprimé sur papier contenant 100 %
de fibres recyclées postconsommation.

Sommaire

Albert Camus dirigeant deux acteurs lors du Festival de théâtre d'Angers.

PRÉSENTATION

Orphelin de père très jeune, Camus passe son enfance dans un quartier pauvre d'Alger entre une mère illettrée et une grand-mère dominatrice. À dix ans, il joue au football (sport qu'on nomme « soccer » au Québec pour le distinguer du football américain) et en demeure un fan avoué toute sa vie. À vingt ans, il devient acteur et fonde une troupe de théâtre. Parvenu à l'âge adulte, don Juan invétéré, il ne résiste pas au plaisir des conquêtes féminines. Voilà certes un parcours inusité pour l'un des plus jeunes récipiendaires du prix Nobel de littérature (1957). Méridional dans l'âme, cet amoureux de la plage et du soleil est porté aux réflexions les plus profondes sur le rapport de l'homme au monde et sur le sens de l'existence humaine. Commentateur perspicace de l'actualité, Camus est aussi perçu par ses contemporains comme un guide lucide et indépendant d'esprit, qui s'impose en outre comme un romancier novateur.

Très jeune, Camus arrive à traduire l'inquiétude métaphysique* d'une époque profondément troublée par les hécatombes des deux guerres mondiales. Il remet en doute le dogme chrétien en affirmant que l'homme ne doit pas attendre son bonheur d'un paradis, selon lui illusoire, que fait miroiter la religion. S'il y a un bonheur dont il faut jouir, c'est ici, maintenant, sur cette terre. Il paraît futile à Camus de chercher à satisfaire les attentes d'un Dieu tout-puissant pour justifier sa vie. Il refuse toute idée de transcendance, c'est-à-dire toute idée d'un Dieu préexistant à l'humain. Il partage ainsi une vision commune à de nombreux intellectuels de la seconde moitié du XXe siècle, parmi lesquels se distingue Jean-Paul Sartre[1], figure de proue du courant existentialiste.

---

1. Jean-Paul Sartre (1905-1980) : écrivain et philosophe considéré comme le chef du courant existentialiste, dont il définit les principes essentiels ; c'est le mouvement auquel les critiques rattachent aussi Albert Camus.

* : *Cf.* Glossaire

Durant ces années troubles, marquées par l'accession à l'indépendance de plusieurs anciennes colonies européennes, Camus est profondément secoué par la guerre en Algérie, sa terre natale. Longtemps, il nourrit l'illusion qu'il est possible d'arriver à une entente entre la majorité arabe et la minorité de colons* d'origine européenne à laquelle il appartient. Mais Camus se prononce aussi sur les drames qui touchent l'univers, et son influence outrepasse les frontières de son pays d'origine où il a passé plus de la moitié de sa vie. Dans l'immédiat après-guerre, il est le rédacteur le plus lu en Europe, raison pour laquelle on l'invite partout dans le monde comme conférencier. Ainsi est-il appelé à visiter New York en 1946. Remontant alors vers le nord, il confie être sensible à la beauté des paysages du Québec qui répondent à sa «conception de la vraie grandeur», selon ses propres mots. Les écrivains québécois, de leur côté, se montrent réceptifs à l'œuvre de Camus, comme en témoigne la création de personnages* solitaires, qui affirment leur singularité dans une société rétrograde. *Le libraire* de Gérard Bessette tout comme *Poussière sur la ville* d'André Langevin sont deux romans qui confirment l'attraction qu'exerce alors *L'étranger* de Camus sur les écrivains québécois.

Le titre de cette œuvre est en soi très révélateur. Camus, en effet, fera toute sa vie l'expérience de l'«étrangeté». En Algérie, il appartient à une minorité de colons venus d'Europe, qui se tiennent à l'écart des Arabes et connaissent peu leur culture, mais qui revendiquent comme eux cette terre africaine comme patrie. Une fois installé en France, il est considéré comme un pied-noir, nom que l'on donne aux immigrants des colonies africaines. Dans les cercles d'intellectuels, il apparaît comme le dissident par excellence puisqu'il se montre critique envers le communisme*, allégeance rendue presque obligatoire dans ce milieu, à l'époque. Tout en se reconnaissant dans le discours égalitaire et les valeurs réformistes de la gauche*, Camus trouve le courage de dénoncer tous les terrorismes* et tous les totalitarismes*, alors que ces positions extrêmes fascinent une jeunesse désenchantée. À la fin de la Seconde Guerre mondiale, il est le seul chroniqueur à

s'alarmer devant une victoire obtenue au moyen de bombes ato-
miques. Il fait en outre partie des principaux écrivains à explorer
la thématique* de l'absurde*, en rupture avec le christianisme
selon lequel la destinée humaine est prédéterminée par le
Créateur.

C'est donc à une réflexion périlleuse que nous convie Camus,
celle de reconsidérer le sens même de notre existence, trajectoire
rapide dont l'issue est inéluctable. Avec son énigmatique personnage de Meursault, Camus nous invite à faire l'expérience de
cette étrangeté par rapport au monde, dans une œuvre abor-
dable par la limpidité de l'écriture, mais exigeante dans sa signification, qui ne cesse toutefois d'être fascinante. « Tout artiste est
embarqué dans la galère de son temps[2]. » Cependant, Camus
n'est pas qu'un écrivain engagé dans son époque, il est aussi un
artiste décidé à relever le double défi de la vérité et de la liberté.

---

2. Pierre-Louis Rey.

* : *Cf.* Glossaire

Dans *Caligula (Remix)*, le Caligula d'Albert Camus est raconté et interprété dans un mode qui oscille entre le conte, le chant choral, l'opéra et l'art dramatique. Adaptée et mise en scène par Marc Beaupré, cette pièce a été présentée en 2010 par la compagnie Terre des hommes. Les choristes (assis), de gauche à droite : Ève Landry, Alexis Lefebvre, Guillaume Tellier, Emmanuelle Orange-Parent, Michel Mongeau, David Giguère, Iannicko N'Doua Légaré, Mathieu Gosselin. Le coryphée : Emmanuel Schwartz.

Camus, toujours actuel

Albert Camus, 1957.

Totalitarisme

Régime qui réprime toute possibilité d'opposition, surtout sur le plan politique, et qui exerce un plein contrôle sur les institutions nationales.

Fascisme

Doctrine qui fait la promotion d'une forme de totalitarisme inspiré du gouvernement de Mussolini en Italie.

Communisme

Régime social d'inspiration marxiste, qui favorise la répartition égalitaire des biens. Les termes «capitalisme» et «libéralisme» en sont des antonymes.

Camus, sa vie, son œuvre

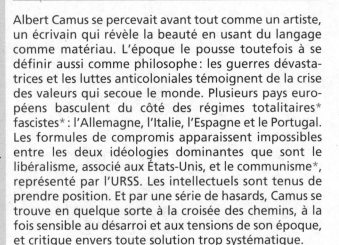

En quoi la connaissance de l'homme Albert Camus peut-elle favoriser la compréhension de son roman L'étranger?

Albert Camus se percevait avant tout comme un artiste, un écrivain qui révèle la beauté en usant du langage comme matériau. L'époque le pousse toutefois à se définir aussi comme philosophe: les guerres dévastatrices et les luttes anticoloniales témoignent de la crise des valeurs qui secoue le monde. Plusieurs pays européens basculent du côté des régimes totalitaires* fascistes*: l'Allemagne, l'Italie, l'Espagne et le Portugal. Les formules de compromis apparaissent impossibles entre les deux idéologies dominantes que sont le libéralisme, associé aux États-Unis, et le communisme*, représenté par l'URSS. Les intellectuels sont tenus de prendre position. Et par une série de hasards, Camus se trouve en quelque sorte à la croisée des chemins, à la fois sensible au désarroi et aux tensions de son époque, et critique envers toute solution trop systématique.

Dans son cheminement, il tentera en outre de rester fidèle aux valeurs de son milieu d'origine, en particulier le goût du bonheur, un sens profond de l'honnêteté, mais aussi un attachement à une certaine façon de s'affirmer «viril», synonyme de «responsable et courageux» sous la plume de Camus. Plusieurs événements de son enfance passée en Algérie contribuent également à forger son identité comme homme et comme écrivain.

*: *Cf.* Glossaire

Une jeunesse sous le soleil algérien

À peine huit mois après la naissance de l'écrivain en 1913, le père de Camus meurt d'une blessure tout au début de la Première Guerre mondiale. L'enfant garde de lui une photographie et quelques anecdotes rapportées par sa mère, d'origine espagnole, illettrée, presque sourde, qui fait des ménages pour nourrir ses deux fils. Camus passe son enfance à Belcourt, un quartier pauvre de la ville d'Alger, qui servira de cadre au roman *L'étranger*. Les Camus appartiennent à la classe de laissés-pour-compte, ayant fui les guerres et les famines en Europe pour se réfugier en Algérie, sans réel espoir de progression sociale.

L'Algérie est alors une colonie française du nord de l'Afrique, dont la population d'environ sept millions d'habitants est constituée d'une majorité d'Arabes et d'une minorité d'Européens. Les deux peuples vivent côte à côte sans réellement se connaître. Les injustices dont est victime la majorité arabe sont nombreuses: infériorisation sociale, racisme, exploitation, etc. Elles ne font pourtant pas l'objet, en ce début de siècle, d'une dénonciation organisée.

Les frères Camus, Lucien et Albert, ont la rue comme terrain de jeu et la plage comme horizon. Agile et concentré, Albert, le cadet, ambitionne de devenir gardien de but de son équipe de soccer lorsqu'il est frappé par la tuberculose, maladie alors incurable, dont il subit les attaques tout au long de sa vie. Chaque rechute lui rappelle cruellement l'urgence de vivre et l'indifférence du monde à la souffrance de l'être humain. Tandis que ce soleil, cette plage demeurent, l'être humain disparaît. Aussi importe-t-il de vivre intensément chaque instant, car les années sont comptées.

Excellent élève, Camus est poussé à poursuivre ses études par ses professeurs qui obtiennent pour lui des bourses d'études, car l'éducation supérieure, qui n'était alors pas gratuite comme elle l'est devenue au Québec, est en réalité réservée aux jeunes gens issus de familles favorisées. Tant au lycée qu'à l'université, Camus fait l'expérience douloureuse de son «étrangeté»: non seulement se distingue-t-il de ses camarades plus riches par ses vêtements élimés, mais encore doit-il leur cacher l'extrême dénuement de l'appartement où loge sa famille. Il déménagera ensuite chez un oncle plus fortuné, qui met à sa disposition une bibliothèque bien garnie. C'est là qu'il lit les philosophes grecs et saint Augustin, puis découvre André Gide, écrivain qui le marque principalement par son franc-parler. Bien qu'attiré par le sacré, Camus affirme ne pas croire en Dieu. En fait, la personnalité de Camus reflète certains paradoxes de sa génération qui, malgré qu'elle ait été élevée dans un catholicisme intransigeant, proclamera plus tard son athéisme avec une ferveur frôlant le mysticisme! À vingt ans, Camus s'inscrit au Parti communiste qui lui apparaît comme l'organe de toutes les dénonciations, contre le fascisme et contre l'impérialisme*. À peine deux ans plus tard, il s'en détache, ayant développé une méfiance envers les idéologies; ce sentiment s'accentuera à l'écoute des récits désillusionnés de ceux qui reviennent de la Russie soviétique, alors gouvernée par Staline.

Durant cette même période, en 1934 plus précisément, Camus épouse une jeune femme excentrique d'origine bourgeoise, Suzanne Hié, dont il se sépare rapidement lorsqu'il découvre sa dépendance à la morphine. Il publie ses premiers textes, *L'envers et l'endroit*, à caractère autobiographique* et, plus tard, *Noces*, qui porte la marque d'un lyrisme* que Camus abandonnera au profit d'un style* empreint de sobriété pour la rédaction de son premier vrai roman, *L'étranger*. Ce pari de variété, Camus le relèvera dans toutes ses œuvres subséquentes, chacune étant singulière tout en portant l'empreinte de l'écrivain.

Impérialisme

Politique expansionniste des superpuissances qui cherchent à contrôler le monde.

Autobiographie

Récit de la vie de l'écrivain par lui-même.

Lyrisme

Expression de la sensibilité personnelle (présence du «je»), notamment associée au recours à des figures de style.

Style

Ensemble des éléments qui caractérisent l'écriture d'un auteur. Par exemple: types de phrases, caractère imagé ou humoristique des phrases, niveau de langue, etc.

*: *Cf.* Glossaire

Biographie

Camus fonde en 1935, toujours à Alger, sa propre troupe de théâtre, ce qui lui permet à la fois de jouer, d'adapter et de mettre en scène des œuvres d'avant-garde, et même de faire ses premières tentatives d'écriture dramatique. La camaraderie, qu'il apprécie tant au théâtre, il en fait aussi l'expérience dans le journalisme, qui lui offre en outre la possibilité de gagner sa vie. Dans *Alger républicain*, journal de gauche*, Camus dérange la bonne conscience locale en publiant des articles percutants sur la misère des Kabyles, une ethnie du sud de l'Algérie. Il est parmi les premiers à mettre en évidence le déracinement des Arabes dans leur propre patrie. Sa vocation d'écrivain se précise et il projette la composition d'œuvres regroupées autour d'un thème. Il publie d'ailleurs au tournant des années quarante le roman *L'étranger*, dont la signification s'éclaire à la lecture du *Mythe de Sisyphe*, essai philosophique qui en est en quelque sorte le complément nécessaire. La pièce de théâtre *Caligula* termine cette trilogie de l'**absurde***.

Dans ses premières œuvres, Camus représente un univers où règne la contradiction et où les individus font face à l'incompréhension. Le langage, fait pour communiquer, semble inapte à jouer son rôle. Dans ce monde régi par des institutions sclérosées appliquant des lois trop souvent arbitraires, l'être humain se sent humilié et dérisoire.

Le deuxième cycle, qui viendra plus tard, est centré sur le thème de la **révolte**. Camus tente de redonner un sens à l'aventure humaine par la dénonciation du fanatisme ou de toute autre dérive politique. La révolte implique à ses yeux l'action militante, la solidarité humaine, mais aussi la quête du bonheur. Le troisième cycle, gravitant autour du thème de l'**amour**, est esquissé dans sa dernière œuvre, laissée à l'état de manuscrit, et qui devait marquer le retour à l'enfance et à cette terre d'Algérie que Camus aimait tant.

Gauche

En politique, elle est représentée par des partis ou des députés qui favorisent le changement politique, les réformes alors que la droite regroupe des députés qui préfèrent la continuité, le statu quo.

Absurde

Thème capital dans la pensée philosophique et littéraire de l'après-guerre, associé à l'angoisse existentielle puisque l'être humain, faisant face à la mort, doute de la consolation que représente l'idée de Dieu.

* : Cf. Glossaire

Le port d'Alger.

L'exil parisien

Au début des hostilités de la Seconde Guerre, Camus avait dû quitter sa terre natale pour gagner Paris où l'attendait un emploi, trouvé par son ami Pascal Pia[3], au journal *Paris Soir*, un quotidien à grand tirage. À la suite de la parution de sa trilogie de l'absurde, roman, essai et pièce, Camus devient membre du comité de lecture de la prestigieuse maison d'édition Gallimard. Pendant une grande partie de la guerre, il vit séparé de sa seconde conjointe, Francine Faure, demeurée en Algérie pour y travailler.

Les communications avec l'extérieur sont difficiles depuis que Paris est occupé par les troupes allemandes. Camus s'intègre à un des nombreux réseaux de résistance aux nazis et collabore au journal clandestin *Combat*, où il impose véritablement sa marque comme journaliste, toujours soucieux d'intégrité dans ses chroniques. Pour faire diversion à l'écriture, Camus fréquente les boîtes de nuit, s'affichant entre autres avec l'actrice Maria Casarès pour qui il a eu le coup de foudre et qui est, comme sa mère, d'origine espagnole. Les comédiennes semblent d'ailleurs exercer un attrait particulier sur Camus, comme ce sera le cas plus tard de Catherine Sellers qui, autre hasard troublant, porte le prénom de sa mère. On sait par ailleurs que Camus donnera le nom de jeune fille de sa mère, Sintès, à un des personnages* de *L'étranger*, qui se comporte, étonnamment, de façon antipathique et vénale.

Rejoint par sa conjointe à la fin de la guerre, Camus confesse dans ses carnets avoir du mal à s'adapter à la vie de couple. En 1945, la naissance de ses jumeaux, Jean et Catherine (le prénom de sa mère) ne semble pas vraiment consolider son union avec cette compagne fidèle que Camus finira par considérer comme une

Personnage

Être fictif fait de mots, qui constitue une des composantes essentielles du roman, porteur de la signification de l'œuvre.

---

3. Pascal Pia (1903-1979) : pseudonyme de Pierre Durand, écrivain et journaliste reconnu pour sa grande culture et son esprit nihiliste.

* : *Cf.* Glossaire

sœur. Tout en multipliant les aventures, Camus conserve cependant des liens privilégiés avec certaines de ses amantes, qui lui servent de confidentes et qui seront, dans certains cas, les premières lectrices de ses textes.

Succès et revers

Deux ans plus tard, Camus publie *La peste* (1947), son premier grand succès de librairie. Certains critiques parisiens, non sans une certaine malice, établissent alors des liens entre le héros du roman, Rieux, qui adopte un ton sentencieux, et Camus, souvent intransigeant dans sa quête de vérité. Bref, ce qui est une qualité pour ses admirateurs est tourné en dérision par ses contempteurs*, qui vont déraper jusqu'au règlement de comptes qui suivra la parution de *L'homme révolté* (1951). Les surréalistes*, sous la houlette d'André Breton[4], ne lui pardonnent pas ses attaques contre Rimbaud[5] et le comte de Lautréamont[6], deux écrivains cultes de ce courant. Les existentialistes, adeptes du courant devenu à la mode grâce à ces sommités incontournables que sont Sartre et de Beauvoir, se considèrent comme les seuls porte-parole légitimes de la thématique* de l'absurde. Les communistes refusent tout simplement toute forme d'opposition. La perfidie de certaines critiques, notamment celle de la revue *Les temps modernes* dirigée par Sartre, qu'il voyait jusqu'alors comme un ami, mine le moral de Camus. Les rechutes de la tuberculose s'ajoutant aux difficultés familiales, sa femme qui sombre dans une grave dépression et fait

Contempteur

Synonyme de rival.

Surréalisme

Courant artistique (1920-1950) favorisant l'accès aux rêves et à l'inconscient, notamment par le moyen de l'écriture automatique.

Thématique

Réseau des grandes idées significatives d'un texte.

---

4. André Breton (1896-1966) : écrivain français, principal défenseur des idées surréalistes.
5. Arthur Rimbaud (1854-1891) : poète d'allégeance symboliste, qui favorise le dérèglement des sens et l'innovation poétique, deux voies qui séduisent les surréalistes.
6. Comte de Lautréamont (1846-1870) : pseudonyme d'Isidore Ducasse, précurseur du surréalisme, qui explore des fantasmes de l'inconscient en les associant à une écriture hallucinée.

* : *Cf.* Glossaire

une tentative de suicide, tout cela désoriente Camus et ralentit son rythme de production.

Entretemps, des mouvements nationalistes* dénoncent en Algérie les exactions du gouvernement colonial français. Homme de gauche, Camus a toujours dénoncé les injustices dont sont victimes les Arabes, citoyens infériorisés, qui doivent composer avec un chômage endémique et des conditions de vie indignes. Toutefois, comme fils de colon*, il ne peut renier son ascendance ni se résigner aux possibles séquelles de l'indépendance. Il craint que des membres de sa famille ou des amis résidant toujours en Algérie ne soient victimes de gestes terroristes* et contraints à l'exil. Pendant que Camus vit une pénible crise de conscience, certains lui reprochent de ne pas prendre position clairement. Ses éditoriaux pour le magazine *L'express* traduisent un désarroi que Camus cherche à évacuer par la rédaction de son dernier roman achevé, *La chute*. Ce récit* adopte souvent en effet le ton d'une confession à peine déguisée. Camus se réfugie également au théâtre qui, dans son esprit, est un lieu associé à la camaraderie. Il adapte et met en scène des auteurs qu'il aime, le Russe Dostoïevski et l'Américain William Faulkner, alors que ses propres pièces reçoivent un accueil mitigé. Camus aurait-il placé la barre trop haute ? Toujours est-il qu'il échoue dans son désir de renouveler la tragédie*.

En 1957, Camus reçoit le prix Nobel de littérature. Cette prestigieuse récompense a sur lui des effets pervers : il ploie sous les louanges qui exhalent un parfum funèbre. Certains prétendent que son œuvre est derrière lui. Il a pourtant mis en chantier un roman qu'il intitulera *Le premier homme* et qui le ramène à l'Algérie de son enfance. C'est ce manuscrit que l'on trouve dans l'auto qui lui sert de cercueil. Le 4 janvier 1960, Camus meurt dans un accident de voiture inexplicable, puisqu'il roulait en pleine campagne sur une route droite.

Nationalisme

Mouvement qui favorise l'accession à l'indépendance des colonies et la reconnaissance des droits des autochtones.

Colon

Terme synonyme de pionnier, « qui ouvre de nouvelles terres », mais en assujettissant souvent les indigènes déjà établis sur ces terres.

Terrorisme

Recours à des actes de violence pour servir l'avancement d'une cause politique.

Récit

Tout texte qui comporte une histoire (ce qui est raconté) et une narration (la façon de raconter).

* : *Cf.* Glossaire

Toute sa vie, Camus aura fait l'expérience du sentiment d'étrangeté : à son pays d'origine en tant que fils de colon ; à son pays d'adoption en tant qu'exilé ; à la culture chrétienne en tant qu'agnostique. La tuberculose lui fait ressentir de façon aiguë la fragilité du bonheur. Les affrontements idéologiques en toile de fond des deux guerres mondiales alimentent son sentiment de l'absurde. La pratique d'un journalisme militant le conduit à la révolte. Enfin, un dernier thème, l'amour, devait régénérer l'inspiration et ouvrir l'œuvre à un nouveau cycle.

Camus aura finalement cherché à concilier son art avec sa vie et sa morale personnelle : tout en défendant des valeurs profondes de lucidité, d'engagement* et de solidarité, l'écrivain demeure fidèle aux gens qu'il aime. *L'étranger* fournit une illustration éloquente de cette quête.

À retenir

- Toute sa vie, Camus marque son attachement à sa terre natale, l'Algérie, qui servira de cadre à son premier roman, *L'étranger*. Dans les dernières années de sa vie, le soulèvement de la majorité arabe contre le gouvernement colonial français, qui aboutit à la Guerre d'indépendance, suscite chez lui une grave crise de conscience puisqu'il est déchiré entre ses valeurs d'homme de gauche et son attachement aux siens.

- Journaliste lucide et engagé, romancier novateur, Camus a su traduire, particulièrement dans *L'étranger*, le désarroi métaphysique* d'une époque marquée par les guerres qui ont dévasté l'Europe et provoqué une crise des valeurs.

- Bien qu'il se soit toujours défendu d'être existentialiste, Camus partage plusieurs caractéristiques des écrivains de ce groupe, en particulier la thématique de l'absurde, le sens de l'engagement et de la solidarité, et, enfin, le refus de s'en remettre à Dieu pour apaiser l'angoisse existentielle.

* : *Cf.* Glossaire

Description de l'époque : le XXᵉ siècle

Qu'importe-t-il de connaître de l'histoire du XXᵉ siècle pour mieux apprécier la lecture de L'étranger ?

Quelques renseignements préliminaires

Les deux guerres mondiales du XXᵉ siècle portent bien leur nom puisqu'elles ont en quelque sorte brisé les frontières entre les continents, forçant non seulement l'Amérique – le Canada compris – mais aussi les colonies à se porter au secours de l'Europe. Pour soutenir l'effort de guerre, la production industrielle connaît un prodigieux essor, partiellement à la source de la prospérité qui a marqué les années suivant ces deux conflits. Par ailleurs, la guerre est aussi responsable du choc des cultures. En effet, les soldats venus des colonies puisent dans l'exemple européen les arguments qui soutiendront leurs revendications, particulièrement tout ce qui est relié aux droits de l'homme et aux valeurs démocratiques. Les mouvements réclamant l'indépendance se multiplient. Ce n'est pas seulement une nation libre qu'ils revendiquent, mais aussi la reconnaissance d'une valeur démocratique, l'égalité entre tous les êtres humains, quelle que soit leur origine.

À l'époque de Camus, les antagonismes idéologiques sont exacerbés. Le communisme, fondé sur une utopie politique convaincante, exerce une grande attraction sur les intellectuels, car il incarne pour plusieurs d'entre eux un rempart contre toutes les injustices. Du côté capitaliste, les États-Unis se présentent comme le modèle de la libre entreprise et du dynamisme économique. En périphérie de ces deux grandes orientations, d'autres systèmes proposent des formules de compromis, comme le socialisme, ou des solutions mieux adaptées à des contextes particuliers, le nationalisme anticolonial, par exemple.

Le contexte politique et social

Les deux guerres mondiales

Les conditions inhumaines dans lesquelles combattent les soldats de la **Première Guerre mondiale**, la souffrance psychologique et physique des nombreux blessés et sans-abri et l'ampleur des destructions font prendre conscience de l'absurdité d'un conflit qu'on croyait d'abord régler en quelques semaines d'affrontement. Quatre ans d'hostilités, vingt millions de morts civils et militaires (parmi lesquels le père de Camus), bientôt renvoyés à l'anonymat des cimetières où s'enlignent des milliers de croix, symboles fragiles d'une religion qui ne console pas de tant de désastres. Les valeurs humanistes* des citoyens s'écroulent devant le sentiment d'avoir été les victimes de dirigeants politiques irresponsables. Cette première vague de désabusement qui marque les mentalités sera atténuée par la révolution russe* de 1917, qui suscite un grand espoir en mettant fin à l'oppression séculaire du régime tsariste. À l'opposé, plusieurs dictateurs* font reculer les frontières de la démocratie en Europe, certains de façon plus menaçante que d'autres : Salazar au Portugal, Franco en Espagne (Camus a des origines castillanes par sa mère), Mussolini en Italie et Hitler en Allemagne. Même la Russie n'arrivera pas à se soustraire au totalitarisme : Staline la gouverne d'une main de fer de 1920 jusqu'à

Humanisme

Doctrine qui se donne comme principale préoccupation l'épanouissement de l'être humain.

Révolution russe

Renversement en 1917 du régime tzariste (une forme de gouvernement monarchiste) par les communistes, sous la direction de Lénine.

Dictature

Forme de gouvernement autocrate, sans droit de vote ni élections.

* : *Cf. Glossaire*

sa mort en 1953. Après la guerre, c'est ce dernier qui contraint tous ses adversaires à avaliser sa politique de « guerre froide* » contre ce qu'il appellera l'« impérialisme américain », cette tendance des États-Unis à régler l'ordre mondial en fonction de leurs propres intérêts économiques.

Traumatisme indélébile au cœur du XXe siècle, la **Seconde Guerre mondiale** se nourrit du profond ressentiment des Allemands contre les vainqueurs de la Première Guerre, qui ont imposé des traités de paix inéquitables. Hitler attise cette rancune contre les voisins immédiats. Il envahit la France en 1940 et le pays se trouve divisé en deux zones : le nord est occupé par les nazis, et le sud est placé sous l'administration du maréchal Pétain. Ce dernier collabore avec l'occupant et sera accusé de trahison à la fin de la guerre. D'autres choisissent le camp de la résistance à l'ennemi et Camus participera à l'un de ces réseaux clandestins. Par ailleurs, la découverte des camps de concentration suscite en Europe une douloureuse prise de conscience, car l'antisémitisme était auparavant un trait de culture plutôt généralisé.

L'après-guerre est marqué par une série de procès et de règlements de comptes qui enveniment les rapports sociaux. On dénonce et on traque les profiteurs de guerre et les collaborateurs ; on tond les femmes qui ont eu des relations avec les soldats allemands. Tous ces événements ébranlent les individus jusque dans leur croyance religieuse. Comment Dieu a-t-il pu façonner une créature aussi imparfaite que l'être humain et lui laisser accomplir tant de méfaits ? Dans un tel contexte, pourquoi vivre, pourquoi écrire ? Ce monde qui s'abîme dans l'absurde engendre l'angoisse. Quant à Camus, il veut certes rendre compte de ce sentiment d'absurde, mais il refuse de s'enliser dans la morosité ambiante et en appelle à la lucidité et à la révolte.

Guerre froide

Période de rivalité, qui s'étend de 1947 à 1991, entre le camp communiste identifié à l'URSS et le camp capitaliste identifié aux États-Unis.

*: Cf. Glossaire

L'Algérie : la lutte anticoloniale

L'Algérie, située au nord du continent africain, est aujourd'hui un État maghrébin, dont la langue officielle est l'arabe et la population, d'environ trente-cinq millions d'habitants, pratique à 99 % l'islam d'allégeance sunnite.

À l'époque de Camus, l'Algérie est considérée comme une colonie française : elle est gouvernée par la France et son développement se fait en tenant compte des priorités de la métropole. La France a aussi favorisé l'installation de colons européens, dont certains sont d'origine espagnole, comme la mère de Camus, ou française, comme son père. Par rapport à la population arabe, le gouvernement colonial exerce une politique de discrimination qui confine au racisme. La majorité arabe est inférioirsée, privée de droits politiques et judiciaires et soumise à de nombreuses exactions. Elle est en outre victime d'une politique d'acculturation : les enfants sont privés d'école, la langue arabe ne jouit d'aucun statut légal.

Pourtant, au moment des deux guerres, les soldats algériens ont été de tous les combats auprès des soldats français, contribuant largement à la victoire des alliés. Il leur paraît légitime qu'on reconnaisse enfin leur courage en mettant fin à un long régime d'inégalité. On assiste donc à une escalade de manifestations durement réprimées, qui mèneront à une radicalisation des mouvements nationalistes qui, plus tard, se déclareront en faveur de l'indépendance, sans possibilités de compromis avec la France.

Albert Camus, fils de colon, est pris dans la tourmente. Comme homme de gauche, il est sensible aux revendications des militants nationalistes arabes, mais il ne peut pour autant trahir ses origines. Il est profondément inquiet pour ses proches : sa mère et plusieurs membres de sa parenté pourraient être la cible de représailles ou d'actes de terrorisme.

Un groupe de suspects militants nationalistes, arrêtés par les troupes françaises dans la Casbah (quartier historique d'Alger), en 1956.

La décolonisation semble pourtant irréversible, non seulement en Afrique mais partout dans le monde. Même le Québec, dont la situation est très particulière, est touché par cet appel à la libération nationale. C'est le général de Gaulle, président de la France, qui mettra fin à cent trente-deux ans de domination française sur l'Algérie par un référendum sur l'indépendance. C'était en 1962, deux ans après la mort d'Albert Camus.

À retenir

- Les deux guerres mondiales qui marquent durement l'Europe contribuent à alimenter la désillusion par rapport à l'héritage judéo-chrétien.
- Les colonies revendiquent non seulement leur indépendance mais aussi la reconnaissance d'une valeur démocratique, soit l'égalité entre tous les êtres humains, quelle que soit leur origine.
- Les antagonismes idéologiques, principalement entre communistes et capitalistes, forcent les intellectuels à choisir leur camp.

L'art et la littérature

Cubisme

Mouvement artistique d'avant-garde qui présente la réalité sous une forme géométrique.

Cobra

Mouvement artistique qui favorise le retour à une forme d'expression naïve ou primitive en art.

En 1936, Picasso, l'un des artistes les plus notoires du XXe siècle, peint *Guernica*, que l'on peut à juste titre considérer comme la toile la plus représentative de cette époque marquée par les guerres et par de nombreuses atrocités. L'art est en ébullition, déchiré entre plusieurs tendances tout aussi dynamiques les unes que les autres : le cubisme* et le surréalisme sont encore florissants, tandis que se pointent d'autres avant-gardes comme le groupe Cobra* à Amsterdam. Émergeant des ghettos de l'Amérique, le jazz séduit désormais une jeunesse « branchée », qui fréquente les boîtes à la mode de Saint-Germain-des-Prés où Boris Vian[7] joue de la trompette pour accompagner ses chansons fantasques.

---

7. Boris Vian (1920-1959) : artiste polyvalent, notamment écrivain et compositeur de chansons, à la croisée du surréalisme et de l'existentialisme.

* : Cf. Glossaire

L'existentialisme, sous la houlette du couple Sartre/ de Beauvoir, n'est pas seulement un courant littéraire, c'est pratiquement aussi une mode dont l'égérie est Juliette Gréco[8], avec ses airs de déesse égyptienne toute de noir vêtue.

Juliette Gréco, chanteuse et actrice, à Paris, 1962.

Camus s'intè- gre à cette faune à son arrivée à Paris pour ensuite s'en éloigner pro- gressivement, jusqu'à sa rupture définitive avec Sartre au moment de la publication de *L'homme révolté*. Mais les critiques littéraires persistent à le ranger dans le camp existentialiste. En fait, Camus est surtout représentatif de l'esprit d'une époque qui veut rompre, sur le plan artistique, avec le lourd héritage du réalisme*. On peut considérer *L'étranger* comme un roman charnière qui ouvre la voie à la modernité.

Le tableau suivant présente les orientations géné- rales adoptées par la littérature dans les décennies de 1940 à 1980, année de la mort de Sartre. Comme tel, il peut fournir des pistes susceptibles de stimuler l'analyse du roman.

Réalisme

Mouvement littéraire de la seconde moitié du XIXᵉ siècle qui favorise une écriture d'observation visant à instruire le lecteur de la dynamique sociale, généralement centrée sur la thématique de l'argent (valeur au cœur du capitalisme) et sur les rapports de pouvoir. Habituellement, le narrateur n'est pas représenté dans le texte.

---

8. Juliette Gréco : née en 1927, interprète de chansons françaises, associée à la mode existentialiste.

* : *Cf.* Glossaire

Tableau des caractéristiques de l'existentialisme, 1940-1980

Existentialisme	Caractéristique générale: l'absence de croyance en Dieu pousse à une réflexion à tendance philosophique sur la condition humaine, au développement d'un regard critique sur le monde. Les œuvres illustrent le sentiment de l'absurde.
Genres privilégiés: récit et théâtre. **Représentants en France:** Jean-Paul Sartre, Albert Camus, Simone de Beauvoir. Au Québec: Gérard Bessette (*Le libraire*), André Langevin (*Poussière sur la ville*).	• **Personnages** d'intellectuels (surtout masculins) militants, engagés dans l'action; antihéros* (protagonistes* peu susceptibles de provoquer l'adhésion spontanée du lecteur). • **Intrigues*** à tonalité pessimiste, mises au service des idées. Temps: intérieur, subjectif, aléatoire ou circulaire*. Espaces clos. • **Thématique** qui fait la promotion de l'engagement social, de la libre détermination de soi, de la conscience. Le thème de l'absurde est traité dans une optique d'étrangeté de l'être humain par rapport au monde. Doute systématique; incommunicabilité; malaise existentiel; mort, cruauté, violence. • **Écriture** souvent polémique*, où la fiction est mise au service des idées. Expérimentations formelles (moins radicales que pour l'antithéâtre* ou le Nouveau roman*). Tonalité pessimiste.

*: *Cf.* Glossaire

Présentation du roman

> Comment peut-on tirer parti des connaissances précédentes sur l'homme et sur l'époque pour mieux comprendre le roman ?
> Comment le roman apporte-t-il sa propre contribution à la compréhension de la réalité ?

Commencé en Algérie lorsque Camus était à l'orée de la trentaine, mais publié en France en 1942, *L'étranger* est à plusieurs titres un roman algérien par son cadre fictif mais aussi par ses personnages, tous résidants du quartier pauvre de Belcourt où Camus a passé son enfance. Toutefois, *L'étranger* est surtout un roman ambitieux, complexe et déroutant. Camus lui a donné une forme inhabituelle ; il a fait de son personnage central un antihéros* déstabilisant, peu susceptible de favoriser l'identification du lecteur. Enfin, Camus interpelle le lecteur en centrant la thématique sur l'absurde. Facile à lire par son style sobre et accessible qui porte l'influence de la langue orale, le roman *L'étranger* exige toutefois l'engagement du lecteur pour en saisir les multiples significations.

Forme inhabituelle

Camus fait le choix d'un narrateur subjectif qui participe au récit en tant que personnage. Des critiques observent que, chez Camus, cette narration* présenterait comme caractéristique rarissime d'être à focalisation externe (comme si Meursault se regardait de l'extérieur). Ce type de narration incline aussi à penser qu'il s'agit d'un récit autobiographique, d'autant plus que Camus tarde à donner un nom à son protagoniste*, ce Meursault dont la mère est décédée avant que ne débute l'histoire et qui sera privé de prénom, dont

Antihéros

Personnage peu sympathique ou proche de l'anonymat, placé au centre d'un roman, mais peu susceptible de provoquer l'identification du lecteur.

Narration

Ensemble de procédés qui servent à raconter l'histoire.

Protagoniste

Synonyme de personnage principal.

* : *Cf. Glossaire*

l'identité sera donc en quelque sorte tronquée. Ce choix de narration permet en outre de mettre en lumière les paradoxes du personnage : bien que ce soit lui qui énonce son point de vue sur le monde, Meursault demeure relativement opaque aux yeux du lecteur. S'exprimant souvent par monosyllabes, Meursault n'explique pas ses prises de position et semble peu concerné par les événements de sa vie : il lui importe peu d'épouser Marie avec qui il a une aventure et il lui est aussi indifférent de progresser dans sa carrière en allant travailler à Paris. Camus détourne en quelque sorte la narration à la première personne de sa fonction habituelle : dans *L'étranger*, le lecteur n'a pas accès à l'intériorité du personnage qui, en effet, se dérobe à la connaissance du lecteur. Cette subjectivité perpétuellement neutralisée est une des grandes originalités du roman.

Par ailleurs, Meursault partage plusieurs traits avec Camus : comme lui, il est Algérois, il a pratiquement le même âge que Camus, vingt-sept ans au moment de la publication du récit. Meursault est de descendance européenne, et, tout comme l'auteur, il n'a pas connu son père. Il aime la baignade et la compagnie des femmes. Toutefois, quelques recherches effectuées sur l'écrivain suffisent pour confirmer que Meursault est bien un personnage fictif différent de son créateur. En effet, la mère de Camus est encore bien vivante au moment de l'écriture du roman : elle survivra même à son fils. Et Camus est alors déjà engagé dans une carrière de journaliste tout en ayant derrière lui la publication d'œuvres qui témoignent de ses ambitions littéraires. Il semble donc très différent du simple employé de bureau dénué d'ambition qu'est Meursault. En fait, s'il faut chercher un personnage représentant Camus dans le roman, ce serait plutôt ce jeune journaliste que remarque Meursault à la cour et dont il parle ainsi : « Et j'ai eu l'impression bizarre d'être regardé par moi-même » (p. 114, l. 530 et 531). On sait que Camus a effectivement assisté à plusieurs procès dans l'exercice de sa profession. Il s'est assurément servi de ses connaissances judiciaires pour donner un caractère authentique à celui de Meursault.

Par ailleurs, cette narration, déjà équivoque, prend une dimension polyphonique* en donnant le relais à d'autres personnages qui, le temps d'une anecdote, font entendre leur voix, comme c'est le cas de Sintès et de Salamano. Certains événements anodins dans la première partie deviennent incriminants lorsqu'ils font l'objet d'une deuxième narration lors du procès. Ces répétitions, qui sont comme des variations musicales sur un même thème, déstabilisent le lecteur qui ne sait plus trop où se trouve la vérité. La réalité se morcelle, fuit, se reforme et se déforme sous ses yeux.

Dans ce roman qui veut faire réfléchir sur le sens de la vie, c'est étrangement la mort qui structure l'intrigue. Le récit commence par la mort de la mère à laquelle fait écho celle du fils annoncée au dénouement; en son centre se trouve l'assassinat de l'Arabe qui bouleverse l'équilibre fragile du monde de Meursault (nom évocateur de mort et de soleil). Ce crime entraîne un procès et stimule l'évolution du personnage. La première partie prend l'allure d'un journal* rédigé au fil de l'action, comme en témoigne le fait qu'on débute par le mot «aujourd'hui». Comportant six chapitres, la première partie relate des événements qui s'échelonnent sur une vingtaine de jours et met en jeu les personnages principaux de l'histoire, notamment la fiancée Marie et le souteneur Raymond. Ce dernier est à l'origine de l'exécution de l'Arabe, située au cœur du roman. On croirait alors que l'histoire, qui paraît tirée d'un fait divers, va bifurquer vers le roman policier*, car il y a bien meurtre et enquête. Le crime commis a tout pour désarçonner le lecteur: il est sans mobile apparent et semble le pur produit du hasard. Le commentaire postérieur au crime, nullement associé à une quelconque culpabilité, laisse le lecteur perplexe: Meursault comprend qu'il a «détruit l'équilibre du jour» (p. 96, l. 1346 et 1347).

Polyphonique

Caractère d'un récit qui comporte plusieurs interventions de personnages secondaires venant raconter une anecdote qui s'insère dans le récit principal.

Journal

Compte rendu d'événements au fil des jours.

Roman policier

Catégorie de roman reconnaissable à certaines de ses caractéristiques: un crime, une enquête et un enquêteur, des suspects.

* : Cf. Glossaire

La deuxième partie s'étale sur une durée difficile à déterminer, probablement plus d'une année étant donné que deux étés se sont écoulés. Cette fois-ci, le récit est décalé par rapport à l'histoire. Meursault récapitule ce qui s'est passé après son arrestation jusqu'au moment où il s'apprête à être exécuté; il progresse donc de l'enquête au procès et termine avec les mois d'attente en prison. Le temps donne ici l'illusion de tourner en rond puisque plusieurs événements qui se sont produits dans la première partie sont de nouveau racontés au procès, mais dans une perspective de jugement: tout est passé au crible des valeurs sociales convenues. Le procès permet à Camus de se moquer à la fois de l'institution judiciaire et de ses sbires, juges, avocats, journalistes et aumôniers, qui ont tous partie liée. Enfermés dans une rhétorique* fallacieuse, les avocats veulent épater la galerie. Les journalistes sont en quête de sensationnalisme pour vendre leur journal; l'aumônier, quant à lui, est surtout à l'écoute de ses propres hantises. Les confrontations successives de Meursault avec tous ces représentants de la société permettent donc à Camus de régler en quelque sorte ses comptes et de faire le point sur ses propres valeurs. Le lecteur est alors en mesure d'élaborer quelques déductions: Camus semble se moquer d'un discours social oppressant (celui du juge et des avocats); il ne croit pas que la religion apaise l'anxiété humaine (la visite de l'aumônier) et il en appelle à la lucidité pour s'ouvrir « à la tendre indifférence du monde » (p. 143, l. 1399 et 1400).

Rhétorique

Ensemble de moyens, particulièrement l'usage de figures de style, pour rendre un énoncé convaincant.

Meursault, un antihéros

Nul doute que Camus a utilisé les souvenirs très proches de son enfance passée dans un quartier populaire pour concevoir sa galerie de personnages sans prétention. Les voisins, les camarades reconnaissent Meursault comme un des leurs, tel que le prouve leur témoignage lors du procès. Meursault exerce un petit métier, il est satisfait de son sort. Il est peu porté – c'est le moins

*: Cf. Glossaire

qu'on puisse dire – aux envolées sentimentales et encore moins aux revendications économiques ou politiques. Ce n'est pas un intellectuel ni un homme d'action et encore moins un saint qui chercherait à s'élever au-dessus de la moyenne ; il n'est pas non plus un être maléfique, une sorte de don Juan qui séduirait par ses excès et son refus de se conformer. Meursault est donc vraiment un antihéros, un être tiré de l'anonymat et auquel le lecteur est peu susceptible de chercher à s'identifier. Pourtant il n'est pas sans qualités, mais celles-ci se présentent sous un jour qui désarçonne le lecteur. À son amante qui lui demande s'il veut bien l'épouser, il répond que cela lui est bien « égal » ; mais à la question de savoir s'il l'aime et si le mariage est un sujet sérieux, il répond « non » sans artifice. Meursault est fondamentalement honnête, mais il n'accorde que peu d'importance à des sujets qui paraissent à d'autres dignes d'intérêt. On peut formuler cette idée différemment : Meursault semble déconnecté du système de valeurs qui régit sa société.

Ce personnage incarne donc les facettes de « l'étrangeté » dans ce roman. À l'enterrement de sa mère, son comportement, insensible, semble traduire de l'indifférence, ce qui lui sera reproché lors du procès. Marie utilise le mot « bizarre » pour décrire son attitude. De plus, Meursault assassine un homme d'une autre origine que la sienne. Même si cet Arabe est la victime, il est aussi l'instrument de la perte de Meursault, ce qui ne peut que suggérer une interprétation* reliée à la situation coloniale. Durant le procès, ses observations comme accusé témoignent de son détachement par rapport à sa propre cause ; même ses dernières pensées avant son exécution ne laissent pas d'être ambiguës. Finalement, cet homme si étrange a un comportement indéchiffrable par le lecteur lui-même.

Meursault se trouve ainsi au cœur d'un réseau d'épisodes et d'images qui traduisent l'importance du thème de l'absurde dans l'œuvre.

Interprétation

Étant donné qu'une œuvre est par nature polysémique et que toute lecture est par nature interactive, l'interprétation est ce qui permet au lecteur de proposer des explications variées – mais non infinies – qui doivent s'appuyer sur des références à l'œuvre.

*: Cf. Glossaire

Thématique de l'absurde

Chaque homme est un condamné à mort et Camus, dans son roman, fait de Meursault un criminel pour mieux le placer face à cette inéluctable échéance qui est au cœur de la thématique de l'absurde. La seconde moitié du roman nous présente un personnage qui perd progressivement son innocence, lui qui se contentait avant le meurtre de jouir de la vie au plus près des sensations. C'est d'ailleurs cette inclinaison de son caractère qui le pousse à tuer, écrasé qu'il est par la chaleur étouffante du soleil. Réduit durant son incarcération à attendre son exécution, Meursault devient de plus en plus lucide : il ne peut échapper à une réflexion sur le sens de la vie. D'ailleurs, Meursault est condamné non pour ce qu'il a *fait* mais bien plutôt pour ce qu'il *est* puisque les preuves de sa culpabilité, au cours du procès, se rapportent bien plus à sa façon de se comporter antérieure au crime qu'au crime lui-même. Meursault semble beaucoup plus coupable d'avoir abandonné sa mère et de s'être montré peu émotif à son enterrement que d'avoir commis un crime. La condition humaine de Meursault est ici ce qui le condamne en partant.

Le roman illustre plusieurs autres aspects reliés à la thématique de l'absurde, dont ce phénomène d'étrangeté au monde mais aussi à soi-même dont il a déjà été question. Meursault s'observe de l'extérieur comme quelqu'un qui écoute « parler de soi ». Camus accole d'ailleurs souvent l'épithète *bizarre* (synonyme d'absurde) à son protagoniste. Le langage contribue aussi à donner cette impression d'*incompréhensible* : les réponses de Meursault aux questions de Marie plongent celle-ci dans la perplexité, et ses témoignages sont interprétés à leur guise par les juges et les avocats. Quant à ces notables, ils n'ont d'autre identité que celle de leur fonction et semblent jouer un rôle comme font les comédiens. L'aumônier qui « arrange les plis de sa robe» (p. 139, l. 1262) fait lui aussi comme s'il était sur scène; il ne comprend pas que Meursault refuse de se prêter à ce jeu de rôle. À la fin, Meursault est uniquement préoccupé d'une vérité qu'il crache aux oreilles du prêtre:

> «Il (l'aumônier) n'était même pas sûr d'être en vie puisqu'il vivait comme un mort. Moi, j'avais l'air d'avoir les mains vides. Mais j'étais sûr de moi, sûr de tout, plus sûr que lui, sûr de ma vie et de cette mort qui allait venir. Oui, je n'avais que cela. Mais du moins, je tenais cette vérité autant qu'elle me tenait» (p. 141, l. 1347 à 1351).

Lectures multiples

L'étranger offre toutefois de nombreuses autres possibilités d'interprétation. Ainsi, bien que ce roman ne soit pas autobiographique, il laisse entendre les déchirements moraux de Camus par des voies souterraines. Le roman s'ouvre sur la mort de la mère, tandis que Camus vient tout juste de laisser la sienne derrière lui en quittant Alger pour Paris. L'anecdote que Camus rapporte au sujet du père de Meursault (bouleversé par une exécution) est tirée de ses souvenirs personnels. Toute l'œuvre de Camus traduit par ailleurs une grande fascination pour tout ce qui est associé au jugement et, par conséquent, à la culpabilité.

Plusieurs critiques ont aussi mis en lumière le fait que le roman reflète sous plusieurs aspects la situation coloniale. L'homme que tue Meursault est un Arabe réduit à l'anonymat et Meursault est d'une certaine façon condamné parce qu'il se trouve au mauvais endroit, au mauvais moment, comme les colons européens en quelque sorte.

Finalement, bien qu'il soit étonnamment impossible de situer précisément l'action d'un livre qui multiplie pourtant les notations temporelles, il n'en reste pas moins que le pessimisme de l'œuvre traduit le désarroi d'une époque marquée par les guerres et le drame de l'holocauste.

Influences littéraires

Dans ses interventions au sujet de *L'étranger*, Camus insiste fréquemment sur le fait que ce récit est en nette rupture avec le réalisme, courant dont on sait qu'il étend son influence au-delà du XIXe siècle. Les caractéristiques qui sont les marques distinctives de ce courant littéraire sont ici rejetées : au narrateur non représenté, prétendument objectif, Camus préfère une voix narrative subjective ; pour ce qui est de l'organisation chronologique*, Camus revient sur des événements et fait piétiner l'action ; quant au désir d'instruire sur la dynamique sociale, Camus présente un personnage désengagé ; enfin, en ce qui concerne la préoccupation de transparence* dans le style, Camus cultive volontairement l'ambiguïté, spécialement lors du dénouement. L'écrivain adopte une écriture qui colle à la personnalité de Meursault et qui se transforme à mesure que son personnage central évolue dans son rapport au monde : Meursault fait généralement des phrases très courtes, il utilise très peu le passé simple ou le subjonctif, comme font les gens humbles. Certaines scènes sont toutefois empreintes de lyrisme, comme celle du meurtre. Le dernier chapitre invite à une réflexion intériorisée, plus personnelle. Mais ce qui est surtout remarquable, c'est que cette écriture dépouillée ne fait pas pour autant de *L'étranger* un roman simple, bien au contraire, puisqu'il donne prise à diverses interprétations.

Camus partage par ailleurs plusieurs caractéristiques avec les écrivains de sa génération, en particulier ceux qui sont regroupés sous la bannière de l'existentialisme, Jean-Paul Sartre en tête. Il se défend fortement d'être de cette allégeance, surtout après la publication de *L'homme révolté*, violemment critiqué par *Les temps*

Organisation chronologique

Agencement des événements fictifs en ordre linéaire.

Transparence du style

Écriture qui se met au service de l'histoire (donnant l'impression que l'histoire se raconte d'elle-même, comme dans les récits réalistes).

* : *Cf. Glossaire*

modernes, l'organe du mouvement. Pourtant, l'angoisse existentielle présente dans son œuvre, la remise en question de toute transcendance, le sens de l'engagement social et l'expression de la révolte face à la condition humaine le situent nettement dans le sillage de l'existentialisme.

Camus a aussi une parenté avec les dramaturges de l'antithéâtre par sa conception de personnages antihéros, par le choix d'un langage qui crée le malentendu plus que la communication, bien qu'il soit moins radical dans l'exploitation de cet aspect qu'Ionesco[9] ou Beckett[10]. Enfin, les nouveaux romanciers comme Robbe-Grillet[11] ont reconnu leur dette envers Camus, qui a en quelque sorte ouvert la voie aux explorations narratives et stylistiques qui seront les leurs.

- Considéré sous un certain angle, *L'étranger* est un roman algérien qui présente un état de société à caractère colonial, aujourd'hui révolu.

- Sans jamais se référer à aucun événement historique particulier, *L'étranger* traduit pourtant le désarroi et le pessimisme d'une époque qui a connu successivement deux guerres, et les déviations de régimes totalitaires tout comme les excès du terrorisme.

- Original dans son propos et dans sa forme, *L'étranger* est en quelque sorte un roman à la croisée des chemins : Camus s'inspire des romanciers américains comme Hemingway pour neutraliser son écriture ; il est proche parent des existentialistes pour la thématique, mais aussi des dramaturges de l'antithéâtre pour sa conception du personnage, du langage et du temps fictif ; et ses innovations narratives poussent à explorer de nouvelles modalités du récit, ce que feront plus tard ceux qu'on appelle les nouveaux romanciers.

À retenir

---

9. Eugène Ionesco (1909-1994) : dramaturge d'origine roumaine, représentant de l'antithéâtre, aussi appelé théâtre de l'absurde.
10. Samuel Beckett (1906-1989) : écrivain d'origine irlandaise ayant composé une grande partie de son œuvre en français, associé au théâtre de l'absurde. Prix Nobel de littérature.
11. Alain Robbe-Grillet (1922-2008) : romancier et théoricien du Nouveau roman.

Albert Camus
en son temps

	Vie et œuvre de Camus	Événements politiques	Événements scientifiques, littéraires et culturels
1913	Naissance d'Albert Camus en Algérie, fils de Lucien Camus, d'origine française, et de Catherine Sintès, d'origine espagnole, tous deux de milieu humble.	Henry Ford introduit le travail à la chaîne dans ses usines de construction automobile. Promulgation des premières lois d'apartheid en Afrique du Sud (discrimination envers les Noirs).	Stravinski, *Le sacre du printemps*.
1914	Mort du père à la guerre ; la mère déménage à Alger dans un quartier pauvre.	Début de la Première Guerre mondiale.	
1917		Révolution russe.	Freud travaille à établir les bases de la psychanalyse, qui changera irrémédiablement la vision de l'être humain.
1918		Fin de la Première Guerre mondiale.	
1920		Création de la Société des Nations ; naissance du Parti communiste français.	

	Vie et œuvre de Camus	Événements politiques	Événements scientifiques, littéraires et culturels
1929-1932	Obtention du baccalauréat et premières attaques de la tuberculose. Jean Grenier, son professeur et bientôt son ami, le convainc de poursuivre ses études.	Après le krach boursier américain, la crise s'étend à l'ensemble de l'économie occidentale.	Importance du surréalisme, notamment défini en France par les deux manifestes de Breton, en 1924 et en 1930. Plusieurs artistes de toutes nationalités se rattachent à ce courant (Salvador Dali, Max Ernst, De Chirico, Éluard, Buñuel, etc.). Publication des œuvres suivantes: Faulkner, *Le bruit et la fureur* (Camus adaptera ce roman au théâtre). Louis-Ferdinand Céline, *Voyage au bout de la nuit*. Malraux, écrivain très admiré de Camus, s'impose sur la scène littéraire avec ses romans, parmi lesquels se trouve *La condition humaine* (1933).
1934-1935	Mariage de courte durée avec Suzanne Hié. Adhésion au Parti communiste.	Roosevelt lance sa politique du *New Deal* pour sortir les États-Unis du marasme économique. En France, mesures sociales variées: la semaine de quarante heures, les vacances payées. Après sa prise de pouvoir l'année précédente, Hitler travaille à installer un régime totalitaire nazi en Allemagne.	Découverte de la radioactivité artificielle.

	Vie et œuvre de Camus	Événements politiques	Événements scientifiques, littéraires et culturels
1936	Obtient son diplôme d'études supérieures en philosophie avec une thèse sur saint Augustin. Met sur pied sa première troupe de théâtre. Il monte *Révolte dans les Asturies* (essai de création collective).	Guerre civile en Espagne (1936-1939). (Camus, qui a des origines espagnoles par sa mère, se sent directement interpellé.)	Picasso, qui a déjà contribué à imposer le cubisme avec Georges Braque, peint *Guernica*.
1937	Début de sa carrière de journaliste à *Alger républicain*. Publication de *L'envers et l'endroit* (essai).	Émergence de partis nationalistes anticoloniaux en Afrique.	Exposition de l'« Art dégénéré » (art moderne) à Munich, organisée par les nazis.

	Vie et œuvre de Camus	Événements politiques	Événements scientifiques, littéraires et culturels
1939	Publication de *Noces* (essai).	Seconde Guerre mondiale (1939-1945) qui oppose les pays alliés aux puissances de l'Axe (Allemagne nazie, Italie fasciste et Japon impérial). La participation décisive des USA et de l'URSS contribue à faire de ces vainqueurs les superpuissances appelées à s'opposer l'une contre l'autre après la guerre.	Jean-Paul Sartre est un écrivain émergent, qui a déjà publié l'année précédente *La nausée* (dont Camus fait la critique dans *Alger républicain*) et qui s'imposera comme philosophe avec *L'être et le néant* (1943).
1940	Second mariage avec une compatriote, Francine Faure, avec qui il aura des jumeaux, dont il ne divorce pas malgré les difficultés et ses nombreuses aventures extraconjugales.	Défaite de la France coupée en deux zones; le maréchal Pétain dirige la zone libre, mais en collaborant étroitement avec l'ennemi.	Comédien devenu réalisateur, Charlie Chaplin s'impose avec des films comme *Les temps modernes* et *Le dictateur*. Plusieurs écrivains surréalistes, dont certains engagés dans la résistance, font entendre leur voix, notamment Éluard et Aragon.
1941	Entrée dans la résistance.	Les États-Unis entrent en guerre.	Orson Wells, *Citizen Kane*, film culte du cinéma américain.

	Vie et œuvre de Camus	Événements politiques	Événements scientifiques, littéraires et culturels
1942	L'étranger (roman), un des titres les plus vendus de la maison d'édition Gallimard. Le mythe de Sisyphe (essai).		
1944	Le malentendu (théâtre).	Libération de la France.	
1945	Caligula (théâtre).	Armistice. Bombe atomique sur Hiroshima. Découverte des charniers dans les camps de concentration. Procès de Nuremberg: mise en accusation des dirigeants nazis.	Gabrielle Roy, Bonheur d'occasion.
1946	Voyage aux États-Unis et au Québec.	Début de la Guerre d'Indochine (alors colonie française); le mouvement anticolonial va bientôt s'étendre à toutes les colonies (Maroc, Tunisie, etc.).	Jacques Prévert, Paroles. Plusieurs écrivains témoignent de la réalité coloniale: Léopold Sédar Senghor (Mouvement de la Négritude), Aimé Césaire, Assia Djebar, Ahmadou Kourouma.
1947	La peste (roman), grand succès de librairie.		
1948	L'état de siège (théâtre).	Création de l'État d'Israël.	Refus global, manifeste de l'automatisme, signé par Borduas, dénonce la sclérose de la société québécoise.

	Vie et œuvre de Camus	Événements politiques	Événements scientifiques, littéraires et culturels
1949	Les justes (théâtre).	Prise de pouvoir par les communistes de Mao en Chine.	
1951	L'homme révolté (essai) ; réaction critique acerbe, notamment des existentialistes, dans la revue Les temps modernes, ce qui entraîne la rupture entre Camus et Sartre.	Guerre de Corée (1950-1953), épisode qui s'inscrit dans la guerre froide.	Adoption – qui va se généraliser – de la télévision et des médias de masse, jusqu'à l'ordinateur inventé au cours de ces années. Les grandes pièces de l'antithéâtre sont mises en scène dans cette décennie : La cantatrice chauve d'Ionesco en 1950, et En attendant Godot de Beckett en 1953.
1954	L'été (essai).	Indépendance de l'Indochine, ancienne colonie française. Guerre d'Algérie, qui va se terminer en 1962 avec l'accession à l'indépendance, sous la présidence de Charles de Gaulle.	Simone de Beauvoir, Les mandarins, alors perçu par plusieurs comme un roman à clef sur les personnalités du groupe existentialiste. André Langevin marque une rupture avec les romans du terroir et contribue à ouvrir la littérature québécoise à la modernité en publiant un roman influencé par la tonalité existentialiste, Poussière sur la ville (1953). Premières manifestations du mouvement beatnik, auquel se rattache Jack Kerouac.

	Vie et œuvre de Camus	Événements politiques	Événements scientifiques, littéraires et culturels
1955-1960	Adaptations d'auteurs connus pour le théâtre.	Au Québec, mort du premier ministre Maurice Duplessis, associé à une période de stagnation politique.	Les réalisateurs de la Nouvelle Vague font leur marque : François Truffaut, Jean-Luc Godard, Jacques Rivette, Agnès Varda, etc.
1956	*La chute* (roman). Interventions ponctuelles dans la crise politique algérienne.		À l'origine musique des Noirs américains, le jazz gagne en popularité partout en Occident à partir de la décennie des années 1950, et s'associe ensuite à la mode du *blue-jean*, phénomènes qui illustrent la fascination pour la culture américaine.
1957	*L'exil et le royaume* (nouvelles), *Réflexions sur la peine capitale* (essai), en collaboration avec Arthur Koestler. Prix Nobel de la littérature pour *Discours de Suède*.	Bataille d'Alger. Arrestations et tortures d'activistes algériens. Riposte : actes de terrorisme, revendiqués par le FLN (Front de libération nationale algérien).	

	Vie et œuvre de Camus	Événements politiques	Événements scientifiques, littéraires et culturels
1960	Mort dans un accident d'auto le 4 janvier.	Au Québec, début de la Révolution tranquille : modernisation des institutions politiques.	Le Nouveau roman s'impose grâce à Robbe-Grillet, à Nathalie Sarraute, à Marguerite Duras et à d'autres. La même année est publié au Québec un roman d'inspiration camusienne, *Le libraire* de Gérard Bessette. Publication des *Insolences du frère Untel* de Jean-Paul Desbiens, critique des faiblesses du système d'éducation québécois.
1962		Indépendance de l'Algérie.	

L'Étranger

Albert Camus

Caligula (Remix), adapté et mis en scène par Marc Beaupré, présenté en 2010 par la compagnie Terre des hommes. Sur la photo : Iannicko N'Doua Légaré et Emmanuel Schwartz dans les rôles de Hélicon et de Caligula.

I

Aujourd'hui, maman est morte. Ou peut-être hier, je ne sais pas. J'ai reçu un télégramme de l'asile[1] : « Mère décédée. Enterrement demain. Sentiments distingués. » Cela ne veut rien dire. C'était peut-être hier.

L'asile de vieillards est à Marengo, à quatre-vingts kilomètres d'Alger. Je prendrai l'autobus à deux heures et j'arriverai dans l'après-midi. Ainsi, je pourrai veiller et je rentrerai demain soir. J'ai demandé deux jours de congé à mon patron et il ne pouvait pas me les refuser avec une excuse pareille. Mais il n'avait pas l'air content. Je lui ai même dit : « Ce n'est pas de ma faute. » Il n'a pas répondu. J'ai pensé alors que je n'aurais pas dû lui dire cela. En somme, je n'avais pas à m'excuser. C'était plutôt à lui de me présenter ses condoléances. Mais il le fera sans doute après-demain, quand il me verra en deuil. Pour le moment, c'est un

<hr>

note

| 1. asile : résidence pour vieillards.

49

15 peu comme si maman n'était pas morte. Après l'enterrement, au contraire, ce sera une affaire classée et tout aura revêtu une allure plus officielle.

J'ai pris l'autobus à deux heures. Il faisait très chaud. J'ai mangé au restaurant, chez Céleste, comme d'habitude. Ils avaient tous 20 beaucoup de peine pour moi et Céleste m'a dit : « On n'a qu'une mère. » Quand je suis parti, ils m'ont accompagné à la porte. J'étais un peu étourdi parce qu'il a fallu que je monte chez Emmanuel pour lui emprunter une cravate noire et un brassard. Il a perdu son oncle, il y a quelques mois.

25 J'ai couru pour ne pas manquer le départ. Cette hâte, cette course, c'est à cause de tout cela sans doute, ajouté aux cahots, à l'odeur d'essence, à la réverbération de la route et du ciel, que je me suis assoupi. J'ai dormi pendant presque tout le trajet. Et quand je me suis réveillé, j'étais tassé contre un militaire qui m'a 30 souri et qui m'a demandé si je venais de loin. J'ai dit « oui » pour n'avoir plus à parler.

L'asile est à deux kilomètres du village. J'ai fait le chemin à pied. J'ai voulu voir maman tout de suite. Mais le concierge m'a dit qu'il fallait que je rencontre le directeur. Comme il était occupé, j'ai 35 attendu un peu. Pendant tout ce temps, le concierge a parlé et ensuite, j'ai vu le directeur : il m'a reçu dans son bureau. C'était un petit vieux, avec la Légion d'honneur. Il m'a regardé de ses yeux clairs. Puis il m'a serré la main qu'il a gardée si longtemps que je ne savais trop comment la retirer. Il a consulté 40 un dossier et m'a dit : « Mme Meursault est entrée ici il y a trois ans. Vous étiez son seul soutien. » J'ai cru qu'il me reprochait quelque chose et j'ai commencé à lui expliquer. Mais il m'a interrompu : « Vous n'avez pas à vous justifier, mon cher enfant. J'ai lu le dossier de votre mère. Vous ne pouviez subvenir à ses besoins. Il lui 45 fallait une garde. Vos salaires sont modestes. Et tout compte fait, elle était plus heureuse ici. » J'ai dit : « Oui, monsieur le Directeur. » Il a ajouté : « Vous savez, elle avait des amis, des gens de son âge.

passage analysé

Elle pouvait partager avec eux des intérêts qui sont d'un autre temps. Vous êtes jeune et elle devait s'ennuyer avec vous. »

C'était vrai. Quand elle était à la maison, maman passait son temps à me suivre des yeux en silence. Dans les premiers jours où elle était à l'asile, elle pleurait souvent. Mais c'était à cause de l'habitude. Au bout de quelques mois, elle aurait pleuré si on l'avait retirée de l'asile. Toujours à cause de l'habitude. C'est un peu pour cela que dans la dernière année je n'y suis presque plus allé. Et aussi parce que cela me prenait mon dimanche — sans compter l'effort pour aller à l'autobus, prendre des tickets et faire deux heures de route.

Le directeur m'a encore parlé. Mais je ne l'écoutais presque plus. Puis il m'a dit : « Je suppose que vous voulez voir votre mère. » Je me suis levé sans rien dire et il m'a précédé vers la porte. Dans l'escalier, il m'a expliqué : « Nous l'avons transportée dans notre petite morgue. Pour ne pas impressionner les autres. Chaque fois qu'un pensionnaire meurt, les autres sont nerveux pendant deux ou trois jours. Et ça rend le service difficile. » Nous avons traversé une cour où il y avait beaucoup de vieillards, bavardant par petits groupes. Ils se taisaient quand nous passions. Et derrière nous, les conversations reprenaient. On aurait dit un jacassement assourdi de perruches. À la porte d'un petit bâtiment, le directeur m'a quitté : « Je vous laisse, monsieur Meursault. Je suis à votre disposition dans mon bureau. En principe, l'enterrement est fixé à dix heures du matin. Nous avons pensé que vous pourrez ainsi veiller la disparue. Un dernier mot : votre mère a, paraît-il, exprimé souvent à ses compagnons le désir d'être enterrée religieusement. J'ai pris sur moi de faire le nécessaire. Mais je voulais vous en informer. » Je l'ai remercié. Maman, sans être athée, n'avait jamais pensé de son vivant à la religion.

Je suis entré. C'était une salle très claire, blanchie à la chaux et recouverte d'une verrière. Elle était meublée de chaises et de chevalets en forme de X. Deux d'entre eux, au centre, supportaient une bière[1] recouverte de son couvercle. On voyait seulement des vis brillantes, à peine enfoncées, se détacher sur les planches passées au brou de noix[2]. Près de la bière, il y avait une infirmière arabe en sarrau blanc, un foulard de couleur vive sur la tête.

85 À ce moment, le concierge est entré derrière mon dos. Il avait dû courir. Il a bégayé un peu : «On l'a couverte, mais je dois dévisser la bière pour que vous puissiez la voir.» Il s'approchait de la bière quand je l'ai arrêté. Il m'a dit : «Vous ne voulez pas ?» J'ai répondu : «Non.» Il s'est interrompu et j'étais gêné parce que je 90 sentais que je n'aurais pas dû dire cela. Au bout d'un moment, il m'a regardé et il m'a demandé : «Pourquoi ?» mais sans reproche, comme s'il s'informait. J'ai dit : «Je ne sais pas.» Alors, tortillant sa moustache blanche, il a déclaré sans me regarder : «Je comprends.» Il avait de beaux yeux, bleu clair, et un teint un peu rouge. Il m'a 95 donné une chaise et lui-même s'est assis un peu en arrière de moi. La garde s'est levée et s'est dirigée vers la sortie. À ce moment, le concierge m'a dit : «C'est un chancre qu'elle a.» Comme je ne comprenais pas, j'ai regardé l'infirmière et j'ai vu qu'elle portait sous les yeux un bandeau qui faisait le tour de la tête. À la 100 hauteur du nez, le bandeau était plat. On ne voyait que la blancheur du bandeau dans son visage.

Quand elle est partie, le concierge a parlé : «Je vais vous laisser seul.» Je ne sais pas quel geste j'ai fait, mais il est resté, debout derrière moi. Cette présence dans mon dos me gênait. La pièce 105 était pleine d'une belle lumière de fin d'après-midi. Deux frelons bourdonnaient contre la verrière. Et je sentais le sommeil me gagner. J'ai dit au concierge, sans me retourner vers lui : «Il y a longtemps que vous êtes là ?» Immédiatement, il a répondu : «Cinq ans» – comme s'il avait attendu depuis toujours ma 110 demande.

notes

1. **bière** : synonyme de cercueil.

2. **brou de noix** : teinture tirée de l'enveloppe de la noix.

Ensuite, il a beaucoup bavardé. On l'aurait bien étonné en lui disant qu'il finirait concierge à l'asile de Marengo. Il avait soixante-quatre ans et il était parisien. À ce moment je l'ai interrompu : «Ah! vous n'êtes pas d'ici?» Puis je me suis souvenu qu'avant de
115 me conduire chez le directeur, il m'avait parlé de maman. Il m'avait dit qu'il fallait l'enterrer très vite, parce que dans la plaine il faisait chaud, surtout dans ce pays. C'est alors qu'il m'avait appris qu'il avait vécu à Paris et qu'il avait du mal à l'oublier. À Paris, on reste avec le mort trois, quatre jours quelquefois. Ici on
120 n'a pas le temps, on ne s'est pas fait à l'idée que déjà il faut courir derrière le corbillard. Sa femme lui avait dit alors : «Tais-toi, ce ne sont pas des choses à raconter à Monsieur.» Le vieux avait rougi et s'était excusé. J'étais intervenu pour dire : «Mais non. Mais non.» Je trouvais ce qu'il racontait juste et intéressant.
125 Dans la petite morgue, il m'a appris qu'il était entré à l'asile comme indigent. Comme il se sentait valide, il s'était proposé pour cette place de concierge. Je lui ai fait remarquer qu'en somme il était un pensionnaire. Il m'a dit que non. J'avais déjà été frappé par la façon qu'il avait de dire : «ils», «les autres», et
130 plus rarement «les vieux», en parlant des pensionnaires dont certains n'étaient pas plus âgés que lui. Mais naturellement, ce n'était pas la même chose. Lui était concierge, et, dans une certaine mesure, il avait des droits sur eux.

La garde est entrée à ce moment. Le soir était tombé brusque-
135 ment. Très vite, la nuit s'était épaissie au-dessus de la verrière. Le concierge a tourné le commutateur et j'ai été aveuglé par l'éclaboussement soudain de la lumière. Il m'a invité à me rendre au réfectoire[1] pour dîner. Mais je n'avais pas faim. Il m'a offert alors d'apporter une tasse de café au lait. Comme j'aime beaucoup
140 le café au lait, j'ai accepté et il est revenu un moment après

note ....

1. **réfectoire** : grande salle à manger communautaire. Actuellement au Québec, on utilise en général le terme «cafétéria».

avec un plateau. J'ai bu. J'ai eu alors envie de fumer. Mais j'ai hésité parce que je ne savais pas si je pouvais le faire devant maman. J'ai réfléchi, cela n'avait aucune importance. J'ai offert une cigarette au concierge et nous avons fumé.

145 À un moment, il m'a dit : « Vous savez, les amis de madame votre mère vont venir la veiller[1] aussi. C'est la coutume. Il faut que j'aille chercher des chaises et du café noir. » Je lui ai demandé si on pouvait éteindre une des lampes. L'éclat de la lumière sur les murs blancs me fatiguait. Il m'a dit que ce n'était pas possible.

150 L'installation était ainsi faite : c'était tout ou rien. Je n'ai plus beaucoup fait attention à lui. Il est sorti, est revenu, a disposé des chaises. Sur l'une d'elles, il a empilé des tasses autour d'une cafetière. Puis il s'est assis en face de moi, de l'autre côté de maman. La garde était aussi au fond, le dos tourné. Je ne voyais pas

155 ce qu'elle faisait. Mais au mouvement de ses bras, je pouvais croire qu'elle tricotait. Il faisait doux, le café m'avait réchauffé et par la porte ouverte entrait une odeur de nuit et de fleurs. Je crois que j'ai somnolé un peu.

C'est un frôlement qui m'a réveillé. D'avoir fermé les yeux, la

160 pièce m'a paru encore plus éclatante de blancheur. Devant moi, il n'y avait pas une ombre et chaque objet, chaque angle, toutes les courbes se dessinaient avec une pureté blessante pour les yeux. C'est à ce moment que les amis de maman sont entrés. Ils étaient en tout une dizaine, et ils glissaient en silence dans cette lumière

165 aveuglante. Ils se sont assis sans qu'aucune chaise grinçât. Je les voyais comme je n'ai jamais vu personne et pas un détail de leurs visages ou de leurs habits ne m'échappait. Pourtant je ne les entendais pas et j'avais peine à croire à leur réalité. Presque toutes les femmes portaient un tablier et le cordon qui les serrait à la

170 taille faisait encore ressortir leur ventre bombé. Je n'avais encore

passage analysé

---

note ....

1. veillée aux morts : réunion de parents et d'amis ; fait partie des rites funéraires
traditionnels en Occident.

jamais remarqué à quel point les vieilles femmes pouvaient avoir du ventre. Les hommes étaient presque tous très maigres et tenaient des cannes. Ce qui me frappait dans leurs visages, c'est que je ne voyais pas leurs yeux, mais seulement une lueur sans éclat au milieu d'un nid de rides. Lorsqu'ils se sont assis, la plupart m'ont regardé et ont hoché la tête avec gêne, les lèvres toutes mangées par leur bouche sans dents, sans que je puisse savoir s'ils me saluaient ou s'il s'agissait d'un tic. Je crois plutôt qu'ils me saluaient. C'est à ce moment que je me suis aperçu qu'ils étaient tous assis en face de moi à dodeliner[1] de la tête, autour du concierge. J'ai eu un moment l'impression ridicule qu'ils étaient là pour me juger.

Peu après, une des femmes s'est mise à pleurer. Elle était au second rang, cachée par une de ses compagnes, et je la voyais mal. Elle pleurait à petits cris, régulièrement : il me semblait qu'elle ne s'arrêterait jamais. Les autres avaient l'air de ne pas l'entendre. Ils étaient affaissés, mornes et silencieux. Ils regardaient la bière ou leur canne, ou n'importe quoi, mais ils ne regardaient que cela. La femme pleurait toujours. J'étais très étonné parce que je ne la connaissais pas. J'aurais voulu ne plus l'entendre. Pourtant je n'osais pas le lui dire. Le concierge s'est penché vers elle, lui a parlé, mais elle a secoué la tête, a bredouillé quelque chose, et a continué de pleurer avec la même régularité. Le concierge est venu alors de mon côté. Il s'est assis près de moi. Après un assez long moment, il m'a renseigné sans me regarder : « Elle était très liée avec madame votre mère. Elle dit que c'était sa seule amie ici et que maintenant elle n'a plus personne. »

Nous sommes restés un long moment ainsi. Les soupirs et les sanglots de la femme se faisaient plus rares. Elle reniflait beaucoup. Elle s'est tue enfin. Je n'avais plus sommeil, mais j'étais fatigué et

note ....

| **1. dodeliner** : remuer la tête doucement.

les reins me faisaient mal. À présent c'était le silence de tous ces gens qui m'était pénible. De temps en temps seulement, j'entendais un bruit singulier et je ne pouvais comprendre ce qu'il était. À la longue, j'ai fini par deviner que quelques-uns d'entre les vieillards suçaient l'intérieur de leurs joues et laissaient échapper ces clappements[1] bizarres. Ils ne s'en apercevaient pas tant ils étaient absorbés dans leurs pensées. J'avais même l'impression que cette morte, couchée au milieu d'eux, ne signifiait rien à leurs yeux. Mais je crois maintenant que c'était une impression fausse.

Nous avons tous pris du café, servi par le concierge. Ensuite, je ne sais plus. La nuit a passé. Je me souviens qu'à un moment j'ai ouvert les yeux et j'ai vu que les vieillards dormaient tassés sur eux-mêmes, à l'exception d'un seul qui, le menton sur le dos de ses mains agrippées à la canne, me regardait fixement comme s'il n'attendait que mon réveil. Puis j'ai encore dormi. Je me suis réveillé parce que j'avais de plus en plus mal aux reins. Le jour glissait sur la verrière. Peu après, l'un des vieillards s'est réveillé et il a beaucoup toussé. Il crachait dans un grand mouchoir à carreaux et chacun de ses crachats était comme un arrachement. Il a réveillé les autres et le concierge a dit qu'ils devraient partir. Ils se sont levés. Cette veille incommode leur avait fait des visages de cendre. En sortant, et à mon grand étonnement, ils m'ont tous serré la main – comme si cette nuit où nous n'avions pas échangé un mot avait accru notre intimité.

J'étais fatigué. Le concierge m'a conduit chez lui et j'ai pu faire un peu de toilette. J'ai encore pris du café au lait qui était très bon. Quand je suis sorti, le jour était complètement levé. Au-dessus des collines qui séparent Marengo de la mer, le ciel était plein de rougeurs. Et le vent qui passait au-dessus d'elles apportait ici une odeur de sel. C'était une belle journée qui se préparait. Il y avait

note ....

| 1. **clappements** : bruits.

longtemps que j'étais allé à la campagne et je sentais quel plaisir j'aurais pris à me promener s'il n'y avait pas eu maman.

235 Mais j'ai attendu dans la cour, sous un platane[1]. Je respirais l'odeur de la terre fraîche et je n'avais plus sommeil. J'ai pensé aux collègues du bureau. À cette heure, ils se levaient pour aller au travail : pour moi c'était toujours l'heure la plus difficile. J'ai encore réfléchi un peu à ces choses, mais j'ai été distrait par une cloche qui sonnait à l'intérieur des bâtiments. Il y a eu du remue-

240 ménage derrière les fenêtres, puis tout s'est calmé. Le soleil était monté un peu plus dans le ciel : il commençait à chauffer mes pieds. Le concierge a traversé la cour et m'a dit que le directeur me demandait. Je suis allé dans son bureau. Il m'a fait signer un certain nombre de pièces. J'ai vu qu'il était habillé de noir avec

245 un pantalon rayé. Il a pris le téléphone en main et il m'a interpellé : « Les employés des pompes funèbres sont là depuis un moment. Je vais leur demander de venir fermer la bière. Voulez-vous auparavant voir votre mère une dernière fois ? » J'ai dit non. Il a ordonné dans le téléphone en baissant la voix : « Figeac, dites

250 aux hommes qu'ils peuvent aller. »

Ensuite il m'a dit qu'il assisterait à l'enterrement et je l'ai remercié. Il s'est assis derrière son bureau, il a croisé ses petites jambes. Il m'a averti que moi et lui serions seuls, avec l'infirmière de service. En principe, les pensionnaires ne devaient pas assister

255 aux enterrements. Il les laissait seulement veiller : « C'est une question d'humanité », a-t-il remarqué. Mais en l'espèce, il avait accordé l'autorisation de suivre le convoi à un vieil ami de maman : « Thomas Pérez. » Ici, le directeur a souri. Il m'a dit : « Vous comprenez, c'est un sentiment un peu puéril. Mais lui et

260 votre mère ne se quittaient guère. À l'asile, on les plaisantait, on disait à Pérez : " C'est votre fiancée. " Lui riait. Ça leur faisait plaisir. Et le fait est que la mort de Mme Meursault l'a beaucoup

note ....
| **1. platane** : arbre feuillu.

affecté. Je n'ai pas cru devoir lui refuser l'autorisation. Mais sur le conseil du médecin visiteur, je lui ai interdit la veillée d'hier. »

265 Nous sommes restés silencieux assez longtemps. Le directeur s'est levé et a regardé par la fenêtre de son bureau. À un moment, il a observé : « Voilà déjà le curé de Marengo. Il est en avance. » Il m'a prévenu qu'il faudrait au moins trois quarts d'heure de marche pour aller à l'église qui est au village même. Nous

270 sommes descendus. Devant le bâtiment, il y avait le curé et deux enfants de chœur[1]. L'un de ceux-ci tenait un encensoir[2] et le prêtre se baissait vers lui pour régler la longueur de la chaîne d'argent. Quand nous sommes arrivés, le prêtre s'est relevé. Il m'a appelé « mon fils » et m'a dit quelques mots. Il est entré ; je l'ai

275 suivi.

J'ai vu d'un coup que les vis de la bière étaient enfoncées et qu'il y avait quatre hommes noirs dans la pièce. J'ai entendu en même temps le directeur me dire que la voiture attendait sur la route et le prêtre commencer ses prières. À partir de ce moment,

280 tout est allé très vite. Les hommes se sont avancés vers la bière avec un drap. Le prêtre, ses suivants, le directeur et moi-même sommes sortis. Devant la porte, il y avait une dame que je ne connaissais pas : « M. Meursault », a dit le directeur. Je n'ai pas entendu le nom de cette dame et j'ai compris seulement qu'elle

285 était infirmière déléguée. Elle a incliné sans un sourire son visage osseux et long. Puis nous nous sommes rangés pour laisser passer le corps. Nous avons suivi les porteurs et nous sommes sortis de l'asile. Devant la porte, il y avait la voiture. Vernie, oblongue[3] et brillante, elle faisait penser à un plumier[4]. À côté d'elle, il y avait

290 l'ordonnateur, petit homme aux habits ridicules, et un vieillard à

notes ....

1. enfants de chœur : servants de messe qui aident le curé lors d'une cérémonie religieuse.
2. encensoir : récipient où l'on fait brûler de l'encens durant la messe.

3. oblongue : synonyme d'allongée.
4. plumier : synonyme de coffre à crayons.

l'allure empruntée. J'ai compris que c'était M. Pérez. Il avait un feutre mou à la calotte ronde et aux ailes larges (il l'a ôté quand la bière a passé la porte), un costume dont le pantalon tire-bouchonnait sur les souliers et un nœud d'étoffe noire trop petit
295 pour sa chemise à grand col blanc. Ses lèvres tremblaient au-dessous d'un nez truffé de points noirs. Ses cheveux blancs assez fins laissaient passer de curieuses oreilles ballantes et mal ourlées dont la couleur rouge sang dans ce visage blafard me frappa. L'ordonnateur nous donna nos places. Le curé marchait en avant, puis la
300 voiture. Autour d'elle, les quatre hommes. Derrière, le directeur, moi-même et, fermant la marche, l'infirmière déléguée et M. Pérez.

Le ciel était déjà plein de soleil. Il commençait à peser sur la terre et la chaleur augmentait rapidement. Je ne sais pas pourquoi
305 nous avons attendu assez longtemps avant de nous mettre en marche. J'avais chaud sous mes vêtements sombres. Le petit vieux, qui s'était recouvert, a de nouveau ôté son chapeau. Je m'étais un peu tourné de son côté, et je le regardais lorsque le directeur m'a parlé de lui. Il m'a dit que souvent ma mère et M. Pérez allaient
310 se promener le soir jusqu'au village, accompagnés d'une infirmière. Je regardais la campagne autour de moi. À travers les lignes de cyprès[1] qui menaient aux collines près du ciel, cette terre rousse et verte, ces maisons rares et bien dessinées, je comprenais maman. Le soir, dans ce pays, devait être comme une trêve mélan-
315 colique. Aujourd'hui, le soleil débordant qui faisait tressaillir le paysage le rendait inhumain et déprimant.

Nous nous sommes mis en marche. C'est à ce moment que je me suis aperçu que Pérez claudiquait[2] légèrement. La voiture, peu à peu, prenait de la vitesse et le vieillard perdait du terrain. L'un
320 des hommes qui entouraient la voiture s'était laissé dépasser aussi

notes

| 1. **cyprès**: variété d'arbre. | 2. **claudiquait**: synonyme de « boitait ».

et marchait maintenant à mon niveau. J'étais surpris de la rapidité avec laquelle le soleil montait dans le ciel. Je me suis aperçu qu'il y avait déjà longtemps que la campagne bourdonnait du chant des insectes et de crépitements d'herbe. La sueur coulait sur mes joues. Comme je n'avais pas de chapeau, je m'éventais avec mon mouchoir. L'employé des pompes funèbres m'a dit alors quelque chose que je n'ai pas entendu. En même temps, il s'essuyait le crâne avec un mouchoir qu'il tenait dans sa main gauche, la main droite soulevant le bord de sa casquette. Je lui ai dit : « Comment ? » Il a répété en montrant le ciel : « Ça tape. » J'ai dit : « Oui. » Un peu après, il m'a demandé : « C'est votre mère qui est là ? » J'ai encore dit : « Oui. » « Elle était vieille ? » J'ai répondu : « Comme ça », parce que je ne savais pas le chiffre exact. Ensuite, il s'est tu. Je me suis retourné et j'ai vu le vieux Pérez à une cinquantaine de mètres derrière nous. Il se hâtait en balançant son feutre à bout de bras. J'ai regardé aussi le directeur. Il marchait avec beaucoup de dignité, sans un geste inutile. Quelques gouttes de sueur perlaient sur son front, mais il ne les essuyait pas.

Il me semblait que le convoi marchait un peu plus vite. Autour de moi, c'était toujours la même campagne lumineuse gorgée de soleil. L'éclat du ciel était insoutenable. À un moment donné, nous sommes passés sur une partie de la route qui avait été récemment refaite. Le soleil avait fait éclater le goudron. Les pieds y enfonçaient et laissaient ouverte sa pulpe brillante. Au-dessus de la voiture, le chapeau du cocher, en cuir bouilli, semblait avoir été pétri dans cette boue noire. J'étais un peu perdu entre le ciel bleu et blanc et la monotonie de ces couleurs, noir gluant du goudron ouvert, noir terne des habits, noir laqué de la voiture. Tout cela, le soleil, l'odeur de cuir et de crottin de la voiture, celle du vernis et celle de l'encens, la fatigue d'une nuit d'insomnie, me troublait le regard et les idées. Je me suis retourné une fois de plus : Pérez m'a paru très loin, perdu dans une nuée de chaleur, puis je ne l'ai plus aperçu. Je l'ai cherché du regard et j'ai vu qu'il avait quitté la route

et pris à travers champs. J'ai constaté aussi que devant moi la route
tournait. J'ai compris que Pérez qui connaissait le pays coupait
au plus court pour nous rattraper. Au tournant il nous avait
rejoints. Puis nous l'avons perdu. Il a repris encore à travers
champs et comme cela plusieurs fois. Moi, je sentais le sang qui
me battait aux tempes.

Tout s'est passé ensuite avec tant de précipitation, de certitude
et de naturel, que je ne me souviens plus de rien. Une chose
seulement : à l'entrée du village, l'infirmière déléguée m'a parlé.
Elle avait une voix singulière qui n'allait pas avec son visage, une
voix mélodieuse et tremblante. Elle m'a dit : « Si on va doucement,
on risque une insolation. Mais si on va trop vite, on est en transpi-
ration et dans l'église on attrape un chaud et froid. » Elle avait
raison. Il n'y avait pas d'issue. J'ai encore gardé quelques images
de cette journée : par exemple, le visage de Pérez quand, pour la
dernière fois, il nous a rejoints près du village. De grosses larmes
d'énervement et de peine ruisselaient sur ses joues. Mais, à cause
des rides, elles ne s'écoulaient pas. Elles s'étalaient, se rejoignaient
et formaient un vernis d'eau sur ce visage détruit. Il y a eu encore
l'église et les villageois sur les trottoirs, les géraniums rouges sur
les tombes du cimetière, l'évanouissement de Pérez (on eût dit
un pantin disloqué), la terre couleur de sang qui roulait sur la
bière de maman, la chair blanche des racines qui s'y mêlaient,
encore du monde, des voix, le village, l'attente devant un café,
l'incessant ronflement du moteur, et ma joie quand l'autobus est
entré dans le nid de lumières d'Alger et que j'ai pensé que j'allais
me coucher et dormir pendant douze heures.

Le malentendu d'Albert Camus, mis en scène par René Richard Cyr et présenté au Théâtre du Nouveau Monde en 1993.
Sur la photo à l'avant-plan : Robert Lalonde et Han Masson dans les rôles de Jan et de Martha.

II

En me réveillant, j'ai compris pourquoi mon patron avait l'air mécontent quand je lui ai demandé mes deux jours de congé : c'est aujourd'hui samedi. Je l'avais pour ainsi dire oublié, mais en me levant, cette idée m'est venue. Mon patron, tout naturellement, a pensé que j'aurais ainsi quatre jours de vacances avec mon dimanche et cela ne pouvait pas lui faire plaisir. Mais d'une part, ce n'est pas de ma faute si on a enterré maman hier au lieu d'aujourd'hui et d'autre part, j'aurais eu mon samedi et mon dimanche de toute façon. Bien entendu, cela ne m'empêche pas de comprendre tout de même mon patron.

J'ai eu de la peine à me lever parce que j'étais fatigué de ma journée d'hier. Pendant que je me rasais, je me suis demandé ce que j'allais faire et j'ai décidé d'aller me baigner. J'ai pris le tram[1] pour aller à l'établissement de bains du port. Là, j'ai plongé dans la passe. Il y avait beaucoup de jeunes gens. J'ai retrouvé dans l'eau Marie Cardona, une ancienne dactylo[2] de mon bureau dont j'avais eu envie à l'époque. Elle aussi, je crois. Mais elle est partie peu après et nous n'avons pas eu le temps. Je l'ai aidée à monter sur une bouée et, dans ce mouvement, j'ai effleuré ses seins. J'étais encore dans l'eau quand elle était déjà a plat ventre sur la

385

390

395

400

---

notes

1. tram (pour tramway) : moyen de transport public.

2. dactylo : employé qui tape des textes à la machine à écrire (avant l'invention de l'ordinateur).

bouée. Elle s'est retournée vers moi. Elle avait les cheveux dans les yeux et elle riait. Je me suis hissé à côté d'elle sur la bouée. Il faisait bon et, comme en plaisantant, j'ai laissé aller ma tête en arrière et je l'ai posée sur son ventre. Elle n'a rien dit et je suis resté ainsi. J'avais tout le ciel dans les yeux et il était bleu et doré. Sous ma nuque, je sentais le ventre de Marie battre doucement. Nous sommes restés longtemps sur la bouée, à moitié endormis. Quand le soleil est devenu trop fort, elle a plongé et je l'ai suivie. Je l'ai rattrapée, j'ai passé ma main autour de sa taille et nous avons nagé ensemble. Elle riait toujours. Sur le quai, pendant que nous nous séchions, elle m'a dit : «Je suis plus brune que vous.» Je lui ai demandé si elle voulait venir au cinéma, le soir. Elle a encore ri et m'a dit qu'elle avait envie de voir un film avec Fernandel[1]. Quand nous nous sommes rhabillés, elle a eu l'air très surprise de me voir avec une cravate noire et elle m'a demandé si j'étais en deuil. Je lui ai dit que maman était morte. Comme elle voulait savoir depuis quand, j'ai répondu : «Depuis hier.» Elle a eu un petit recul, mais n'a fait aucune remarque. J'ai eu envie de lui dire que ce n'était pas de ma faute, mais je me suis arrêté parce que j'ai pensé que je l'avais déjà dit à mon patron. Cela ne signifiait rien. De toute façon, on est toujours un peu fautif.

Le soir, Marie avait tout oublié. Le film était drôle par moments et puis vraiment trop bête. Elle avait sa jambe contre la mienne. Je lui caressais les seins. Vers la fin de la séance, je l'ai embrassée, mais mal. En sortant, elle est venue chez moi.

Quand je me suis réveillé, Marie était partie. Elle m'avait expliqué qu'elle devait aller chez sa tante. J'ai pensé que c'était dimanche et cela m'a ennuyé : je n'aime pas le dimanche. Alors, je me suis retourné dans mon lit, j'ai cherché dans le traversin l'odeur de sel que les cheveux de Marie y avaient laissée et j'ai dormi jusqu'à dix heures. J'ai fumé ensuite des cigarettes,

note

| **1. Fernandel :** comédien français (1903-1971).

toujours couché, jusqu'à midi. Je ne voulais pas déjeuner chez Céleste comme d'habitude parce que, certainement, ils m'auraient posé des questions et je n'aime pas cela. Je me suis fait cuire des œufs et je les ai mangés à même le plat, sans pain parce que je n'en avais plus et que je ne voulais pas descendre pour en acheter.

Après le déjeuner, je me suis ennuyé un peu et j'ai erré dans l'appartement. Il était commode quand maman était là. Maintenant il est trop grand pour moi et j'ai dû transporter dans ma chambre la table de la salle à manger. Je ne vis plus que dans cette pièce, entre les chaises de paille un peu creusées, l'armoire dont la glace est jaunie, la table de toilette et le lit de cuivre. Le reste est à l'abandon. Un peu plus tard, pour faire quelque chose, j'ai pris un vieux journal et je l'ai lu. J'y ai découpé une réclame des sels Kruschen et je l'ai collée dans un vieux cahier où je mets les choses qui m'amusent dans les journaux. Je me suis aussi lavé les mains et, pour finir, je me suis mis au balcon.

Ma chambre donne sur la rue principale du faubourg. L'après-midi était beau. Cependant, le pavé était gras, les gens rares et pressés encore. C'étaient d'abord des familles allant en promenade, deux petits garçons en costume marin, la culotte au-dessous du genou, un peu empêtrés dans leurs vêtements raides, et une petite fille avec un gros nœud rose et des souliers noirs vernis. Derrière eux, une mère énorme, en robe de soie marron, et le père, un petit homme assez frêle que je connais de vue. Il avait un canotier[1], un nœud papillon et une canne à la main. En le voyant avec sa femme, j'ai compris pourquoi dans le quartier on disait de lui qu'il était distingué. Un peu plus tard passèrent les jeunes gens du faubourg, cheveux laqués[2] et cravate rouge, le veston très cintré, avec une pochette brodée et des souliers à bouts carrés. J'ai pensé qu'ils allaient aux cinémas du centre. C'était pourquoi ils partaient si tôt et se dépêchaient vers le tram en riant très fort.

notes

| **1. canotier :** chapeau de paille masculin. | **2. laqués :** mis en plis avec un gel coiffant.

Après eux, la rue peu à peu est devenue déserte. Les spectacles étaient partout commencés, je crois. Il n'y avait plus dans la rue que les boutiquiers et les chats. Le ciel était pur mais sans éclat au-dessus des ficus[1] qui bordent la rue. Sur le trottoir d'en face, le marchand de tabac a sorti une chaise, l'a installée devant sa porte et l'a enfourchée en s'appuyant des deux bras sur le dossier. Les trams tout à l'heure bondés étaient presque vides. Dans le petit café : « Chez Pierrot », à côté du marchand de tabac, le garçon balayait de la sciure dans la salle déserte. C'était vraiment dimanche.

J'ai retourné ma chaise et je l'ai placée comme celle du marchand de tabac parce que j'ai trouvé que c'était plus commode. J'ai fumé deux cigarettes, je suis rentré pour prendre un morceau de chocolat et je suis revenu le manger à la fenêtre. Peu après, le ciel s'est assombri et j'ai cru que nous allions avoir un orage d'été. Il s'est découvert peu à peu cependant. Mais le passage des nuées avait laissé sur la rue comme une promesse de pluie qui l'a rendue plus sombre. Je suis resté longtemps à regarder le ciel.

À cinq heures, des tramways sont arrivés dans le bruit. Ils ramenaient du stade de banlieue des grappes de spectateurs perchés sur les marchepieds et les rambardes[2]. Les tramways suivants ont ramené les joueurs que j'ai reconnus à leurs petites valises. Ils hurlaient et chantaient à pleins poumons que leur club ne périrait pas. Plusieurs m'ont fait des signes. L'un m'a même crié : « On les a eus. » Et j'ai fait : « Oui », en secouant la tête. À partir de ce moment, les autos ont commencé à affluer.

La journée a tourné encore un peu. Au-dessus des toits, le ciel est devenu rougeâtre et, avec le soir naissant, les rues se sont animées. Les promeneurs revenaient peu à peu. J'ai reconnu le monsieur distingué au milieu d'autres. Les enfants pleuraient ou se laissaient traîner. Presque aussitôt, les cinémas du quartier ont

notes

| **1. ficus :** plante tropicale. | **2. rambardes :** rampes métalliques.

déversé dans la rue un flot de spectateurs. Parmi eux, les jeunes
gens avaient des gestes plus décidés que d'habitude et j'ai pensé
qu'ils avaient vu un film d'aventures. Ceux qui revenaient des
cinémas de la ville arrivèrent un peu plus tard. Ils semblaient plus
graves. Ils riaient encore, mais de temps en temps, ils paraissaient
fatigués et songeurs. Ils sont restés dans la rue, allant et venant sur
le trottoir d'en face. Les jeunes filles du quartier, en cheveux,
se tenaient par le bras. Les jeunes gens s'étaient arrangés pour
les croiser et ils lançaient des plaisanteries dont elles riaient en
détournant la tête. Plusieurs d'entre elles, que je connaissais, m'ont
fait des signes.

Les lampes de la rue se sont alors allumées brusquement et elles
ont fait pâlir les premières étoiles qui montaient dans la nuit.
J'ai senti mes yeux se fatiguer à regarder les trottoirs avec leur
chargement d'hommes et de lumières. Les lampes faisaient luire
le pavé mouillé, et les tramways, à intervalles réguliers, mettaient
leurs reflets sur des cheveux brillants, un sourire ou un bracelet
d'argent. Peu après, avec les tramways plus rares et la nuit déjà
noire au-dessus des arbres et des lampes, le quartier s'est vidé
insensiblement, jusqu'à ce que le premier chat traverse lentement
la rue de nouveau déserte. J'ai pensé alors qu'il fallait dîner. J'avais
un peu mal au cou d'être resté longtemps appuyé sur le dos de
ma chaise. Je suis descendu acheter du pain et des pâtes, j'ai fait
ma cuisine et j'ai mangé debout. J'ai voulu fumer une cigarette à
la fenêtre, mais l'air avait fraîchi et j'ai eu un peu froid. J'ai fermé
mes fenêtres et en revenant j'ai vu dans la glace un bout de table
où ma lampe à alcool voisinait avec des morceaux de pain. J'ai
pensé que c'était toujours un dimanche de tiré, que maman était
maintenant enterrée, que j'allais reprendre mon travail et que,
somme toute, il n'y avait rien de changé.

III

Aujourd'hui j'ai beaucoup travaillé au bureau. Le patron a été
aimable. Il m'a demandé si je n'étais pas trop fatigué et il a voulu
savoir aussi l'âge de maman. J'ai dit «une soixantaine d'années»,
pour ne pas me tromper et je ne sais pas pourquoi il a eu l'air
d'être soulagé et de considérer que c'était une affaire terminée.

Il y avait un tas de connaissements[1] qui s'amoncelaient sur ma
table et il a fallu que je les dépouille tous. Avant de quitter le
bureau pour aller déjeuner, je me suis lavé les mains. À midi,
j'aime bien ce moment. Le soir, j'y trouve moins de plaisir parce
que la serviette roulante qu'on utilise est tout à fait humide : elle
a servi toute la journée. J'en ai fait la remarque un jour à mon
patron. Il m'a répondu qu'il trouvait cela regrettable, mais que
c'était tout de même un détail sans importance. Je suis sorti un
peu tard, à midi et demi, avec Emmanuel, qui travaille à l'expédi-
tion. Le bureau donne sur la mer et nous avons perdu un moment
à regarder les cargos dans le port brûlant de soleil. À ce moment,
un camion est arrivé dans un fracas de chaînes et d'explosions.
Emmanuel m'a demandé «si on y allait» et je me suis mis à courir.
Le camion nous a dépassés et nous nous sommes lancés à sa pour-
suite. J'étais noyé dans le bruit et la poussière. Je ne voyais plus rien
et ne sentais que cet élan désordonné de la course, au milieu des

note

| 1. **connaissements** : récépissés de chargement des marchandises sur un bateau.

68

545 treuils[1] et des machines, des mâts qui dansaient sur l'horizon et des coques que nous longions. J'ai pris appui le premier et j'ai sauté au vol. Puis j'ai aidé Emmanuel à s'asseoir. Nous étions hors de souffle, le camion sautait sur les pavés inégaux du quai, au milieu de la poussière et du soleil. Emmanuel riait à perdre haleine.

550 Nous sommes arrivés en nage chez Céleste. Il était toujours là, avec son gros ventre, son tablier et ses moustaches blanches. Il m'a demandé si «ça allait quand même». Je lui ai dit que oui et que j'avais faim. J'ai mangé très vite et j'ai pris du café. Puis je suis rentré chez moi, j'ai dormi un peu parce que j'avais trop bu de vin

555 et, en me réveillant, j'ai eu envie de fumer. Il était tard et j'ai couru pour attraper un tram. J'ai travaillé tout l'après-midi. Il faisait très chaud dans le bureau et le soir, en sortant, j'ai été heureux de revenir en marchant lentement le long des quais. Le ciel était vert, je me sentais content. Tout de même, je suis rentré directement chez moi

560 parce que je voulais me préparer des pommes de terre bouillies.

En montant, dans l'escalier noir, j'ai heurté le vieux Salamano, mon voisin de palier. Il était avec son chien. Il y a huit ans qu'on les voit ensemble. L'épagneul a une maladie de peau, le rouge, je crois, qui lui fait perdre presque tous ses poils et qui le couvre de

565 plaques et de croûtes brunes. À force de vivre avec lui, seuls tous les deux dans une petite chambre, le vieux Salamano a fini par lui ressembler. Il a des croûtes rougeâtres sur le visage et le poil jaune et rare. Le chien, lui, a pris de son patron une sorte d'allure voûtée, le museau en avant et le cou tendu. Ils ont l'air de la même

570 race et pourtant ils se détestent. Deux fois par jour, à onze heures et à six heures, le vieux mène son chien promener. Depuis huit ans, ils n'ont pas changé leur itinéraire. On peut les voir le long de la rue de Lyon, le chien tirant l'homme jusqu'à ce que le vieux Salamano bute. Il bat son chien alors et il l'insulte. Le chien rampe

575 de frayeur et se laisse traîner. À ce moment, c'est au vieux de le

note ....

| **1. treuils :** appareils pour lever des charges.

tirer. Quand le chien a oublié, il entraîne de nouveau son maître et il est de nouveau battu et insulté. Alors, ils restent tous les deux sur le trottoir et ils se regardent, le chien avec terreur, l'homme avec haine. C'est ainsi tous les jours. Quand le chien veut uriner, le vieux ne lui en laisse pas le temps et il le tire, l'épagneul semant derrière lui une traînée de petites gouttes. Si par hasard, le chien fait dans la chambre, alors il est encore battu. Il y a huit ans que cela dure. Céleste dit toujours que «c'est malheureux», mais au fond, personne ne peut savoir. Quand je l'ai rencontré dans l'escalier, Salamano était en train d'insulter son chien. Il lui disait : «Salaud! Charogne!» et le chien gémissait. J'ai dit : «Bonsoir», mais le vieux insultait toujours. Alors je lui ai demandé ce que le chien lui avait fait. Il ne m'a pas répondu. Il disait seulement : «Salaud! Charogne!» Je le devinais, penché sur son chien, en train d'arranger quelque chose sur le collier. J'ai parlé plus fort. Alors sans se retourner, il m'a répondu avec une sorte de rage rentrée : «Il est toujours là.» Puis il est parti en tirant la bête qui se laissait traîner sur ses quatre pattes, et gémissait.

Juste à ce moment est entré mon deuxième voisin de palier. Dans le quartier, on dit qu'il vit des femmes. Quand on lui demande son métier, pourtant, il est «magasinier». En général, il n'est guère aimé. Mais il me parle souvent et quelquefois il passe un moment chez moi parce que je l'écoute. Je trouve que ce qu'il dit est intéressant. D'ailleurs, je n'ai aucune raison de ne pas lui parler. Il s'appelle Raymond Sintès. Il est assez petit, avec de larges épaules et un nez de boxeur. Il est toujours habillé très correctement. Lui aussi m'a dit, en parlant de Salamano : «Si c'est pas malheureux!» Il m'a demandé si ça ne me dégoûtait pas et j'ai répondu que non.

Nous sommes montés et j'allais le quitter quand il m'a dit : «J'ai chez moi du boudin et du vin. Si vous voulez manger un morceau avec moi?...» J'ai pensé que cela m'éviterait de faire ma cuisine et j'ai accepté. Lui aussi n'a qu'une chambre, avec une cuisine sans fenêtre. Au-dessus de son lit, il a un ange en stuc blanc et rose, des

photos de champions et deux ou trois clichés[1] de femmes nues.
La chambre était sale et le lit défait. Il a d'abord allumé sa lampe
à pétrole, puis il a sorti un pansement assez douteux de sa poche
et a enveloppé sa main droite. Je lui ai demandé ce qu'il avait. Il
m'a dit qu'il avait eu une bagarre avec un type qui lui cherchait
des histoires.

« Vous comprenez, monsieur Meursault, m'a-t-il dit, c'est pas
que je suis méchant, mais je suis vif. L'autre, il m'a dit : " Descends
du tram si tu es un homme. " Je lui ai dit : " Allez, reste tranquille. "
Il m'a dit que je n'étais pas un homme. Alors je suis descendu et
je lui ai dit : " Assez, ça vaut mieux, ou je vais te mûrir[2]. " Il m'a
répondu : " De quoi ? " Alors je lui en ai donné un. Il est tombé.
Moi, j'allais le relever. Mais il m'a donné des coups de pied de
par terre. Alors je lui ai donné un coup de genou et deux taquets[3].
Il avait la figure en sang. Je lui ai demandé s'il avait son compte.
Il m'a dit : " Oui. " »

Pendant tout ce temps, Sintès arrangeait son pansement. J'étais
assis sur le lit. Il m'a dit : « Vous voyez que je ne l'ai pas cherché.
C'est lui qui m'a manqué. » C'était vrai et je l'ai reconnu. Alors il
m'a déclaré que, justement, il voulait me demander un conseil au
sujet de cette affaire, que moi, j'étais un homme, je connaissais la
vie, que je pouvais l'aider et qu'ensuite il serait mon copain. Je n'ai
rien dit et il m'a demandé encore si je voulais être son copain. J'ai
dit que ça m'était égal : il a eu l'air content. Il a sorti du boudin,
il l'a fait cuire à la poêle, et il a installé des verres, des assiettes,
des couverts et deux bouteilles de vin. Tout cela en silence. Puis
nous nous sommes installés. En mangeant, il a commencé à me
raconter son histoire. Il hésitait d'abord un peu. « J'ai connu une
dame… c'était pour autant dire ma maîtresse. » L'homme avec qui

notes ....

1. **clichés** : photographies.
2. **te mûrir** : te corriger en te frappant
(usage populaire, probablement en argot
d'Alger).

3. **taquets** : coups à la figure (langue
populaire).

il s'était battu était le frère de cette femme. Il m'a dit qu'il l'avait entretenue. Je n'ai rien répondu et pourtant il a ajouté tout de suite qu'il savait ce qu'on disait dans le quartier, mais qu'il avait sa conscience pour lui et qu'il était magasinier.

«Pour en venir à mon histoire, m'a-t-il dit, je me suis aperçu qu'il y avait de la tromperie.» Il lui donnait juste de quoi vivre. Il payait lui-même le loyer de sa chambre et il lui donnait vingt francs par jour pour la nourriture. «Trois cents francs de chambre, six cents francs de nourriture, une paire de bas de temps en temps, ça faisait mille francs. Et madame ne travaillait pas. Mais elle me disait que c'était juste, qu'elle n'arrivait pas avec ce que je lui donnais. Pourtant, je lui disais : "Pourquoi tu travailles pas une demi-journée ? Tu me soulagerais bien pour toutes ces petites choses. Je t'ai acheté un ensemble ce mois-ci, je te paye vingt francs par jour, je te paye le loyer et toi, tu prends le café l'après-midi avec tes amies. Tu leur donnes le café et le sucre. Moi, je te donne l'argent. J'ai bien agi avec toi et tu me le rends mal." Mais elle ne travaillait pas, elle disait toujours qu'elle n'arrivait pas et c'est comme ça que je me suis aperçu qu'il y avait de la tromperie.»

Il m'a alors raconté qu'il avait trouvé un billet de loterie dans son sac et qu'elle n'avait pas pu lui expliquer comment elle l'avait acheté. Un peu plus tard, il avait trouvé chez elle «une indication[1]» du mont-de-piété[2] qui prouvait qu'elle avait engagé deux bracelets. Jusque-là, il ignorait l'existence de ces bracelets. «J'ai bien vu qu'il y avait de la tromperie. Alors, je l'ai quittée. Mais d'abord, je l'ai tapée. Et puis, je lui ai dit ses vérités. Je lui ai dit que tout ce qu'elle voulait, c'était s'amuser avec sa chose. Comme je lui ai dit, vous comprenez, monsieur Meursault : "Tu ne vois pas que le monde il est jaloux du bonheur que je te donne. Tu connaîtras plus tard le bonheur que tu avais."»

notes

1. **indication** : reçu.

2. **mont-de-piété** : organisme municipal de prêt sur gages.

Il l'avait battue jusqu'au sang. Auparavant, il ne la battait pas. « Je la tapais, mais tendrement pour ainsi dire. Elle criait un peu. Je fermais les volets et ça finissait comme toujours. Mais maintenant, c'est sérieux. Et pour moi, je l'ai pas assez punie. »

Il m'a expliqué alors que c'était pour cela qu'il avait besoin d'un conseil. Il s'est arrêté pour régler la mèche de la lampe qui charbonnait. Moi, je l'écoutais toujours. J'avais bu près d'un litre de vin et j'avais très chaud aux tempes. Je fumais les cigarettes de Raymond parce qu'il ne m'en restait plus. Les derniers trams passaient et emportaient avec eux les bruits maintenant lointains du faubourg. Raymond a continué. Ce qui l'ennuyait, « c'est qu'il avait encore un sentiment pour son coït ». Mais il voulait la punir. Il avait d'abord pensé à l'emmener dans un hôtel et à appeler les « mœurs » pour causer un scandale et la faire mettre en carte[1]. Ensuite, il s'était adressé à des amis qu'il avait dans le milieu. Ils n'avaient rien trouvé. Et comme me le faisait remarquer Raymond, c'était bien la peine d'être du milieu. Il le leur avait dit et ils avaient alors proposé de la « marquer[2] ». Mais ce n'était pas ce qu'il voulait. Il allait réfléchir. Auparavant il voulait me demander quelque chose. D'ailleurs, avant de me le demander, il voulait savoir ce que je pensais de cette histoire. J'ai répondu que je n'en pensais rien mais que c'était intéressant. Il m'a demandé si je pensais qu'il y avait de la tromperie, et moi, il me semblait bien qu'il y avait de la tromperie, si je trouvais qu'on devait la punir et ce que je ferais à sa place, je lui ai dit qu'on ne pouvait jamais savoir, mais je comprenais qu'il veuille la punir. J'ai encore bu un peu de vin. Il a allumé une cigarette et il m'a découvert son idée. Il voulait lui écrire une lettre « avec des coups de pied et en même temps des choses pour la faire regretter ». Après, quand elle

1. mettre en carte: déclarer une femme comme prostituée.

2. marquer: identifier comme prostituée par une marque distinctive (langue populaire).

reviendrait, il coucherait avec elle et «juste au moment de finir» il lui cracherait à la figure et il la mettrait dehors. J'ai trouvé qu'en effet, de cette façon, elle serait punie. Mais Raymond m'a dit qu'il ne se sentait pas capable de faire la lettre qu'il fallait et qu'il avait pensé à moi pour la rédiger. Comme je ne disais rien, il m'a demandé si cela m'ennuierait de le faire tout de suite et j'ai répondu que non.

Il s'est alors levé après avoir bu un verre de vin. Il a repoussé les assiettes et le peu de boudin froid que nous avions laissé. Il a soigneusement essuyé la toile cirée de la table. Il a pris dans un tiroir de sa table de nuit une feuille de papier quadrillé, une enveloppe jaune, un petit porte-plume de bois rouge et un encrier carré d'encre violette. Quand il m'a dit le nom de la femme, j'ai vu que c'était une Mauresque[1]. J'ai fait la lettre. Je l'ai écrite un peu au hasard, mais je me suis appliqué à contenter Raymond parce que je n'avais pas de raison de ne pas le contenter. Puis j'ai lu la lettre à haute voix. Il m'a écouté en fumant et en hochant la tête, puis il m'a demandé de la relire. Il a été tout à fait content. Il m'a dit : «Je savais bien que tu connaissais la vie.» Je ne me suis pas aperçu d'abord qu'il me tutoyait. C'est seulement quand il m'a déclaré : «Maintenant, tu es un vrai copain», que cela m'a frappé. Il a répété sa phrase et j'ai dit : «Oui.» Cela m'était égal d'être son copain et il avait vraiment l'air d'en avoir envie. Il a cacheté la lettre et nous avons fini le vin. Puis nous sommes restés un moment à fumer sans rien dire. Au-dehors, tout était calme, nous avons entendu le glissement d'une auto qui passait. J'ai dit : «Il est tard.» Raymond le pensait aussi. Il a remarqué que le temps passait vite et, dans un sens, c'était vrai. J'avais sommeil, mais j'avais de la peine à me lever. J'ai dû avoir l'air fatigué parce que Raymond m'a dit qu'il ne fallait pas se laisser aller. D'abord, je n'ai pas

note ....

1. **Mauresque :** femme arabe de religion musulmane (pour signifier surtout que ce n'est pas une femme d'origine européenne).

compris. Il m'a expliqué alors qu'il avait appris la mort de maman mais que c'était une chose qui devait arriver un jour ou l'autre. C'était aussi mon avis.

730 Je me suis levé, Raymond m'a serré la main très fort et m'a dit qu'entre hommes on se comprenait toujours. En sortant de chez lui, j'ai refermé la porte et je suis resté un moment dans le noir, sur le palier. La maison était calme et des profondeurs de la cage d'escalier montait un souffle obscur et humide. Je n'entendais que
735 les coups de mon sang qui bourdonnait à mes oreilles. Je suis resté immobile. Mais dans la chambre du vieux Salamano, le chien a gémi sourdement.

IV

J'ai bien travaillé toute la semaine, Raymond est venu et m'a dit qu'il avait envoyé la lettre. Je suis allé au cinéma deux fois avec
740 Emmanuel qui ne comprend pas toujours ce qui se passe sur l'écran. Il faut alors lui donner des explications. Hier, c'était samedi et Marie est venue, comme nous en étions convenus. J'ai eu très envie d'elle parce qu'elle avait une belle robe à raies rouges et blanches et des sandales de cuir. On devinait ses seins durs et
745 le brun du soleil lui faisait un visage de fleur. Nous avons pris un autobus et nous sommes allés à quelques kilomètres d'Alger, sur une plage resserrée entre des rochers et bordée de roseaux du côté de la terre. Le soleil de quatre heures n'était pas trop chaud, mais l'eau était tiède, avec de petites vagues longues et paresseuses.
750 Marie m'a appris un jeu. Il fallait, en nageant, boire à la crête des

vagues, accumuler dans sa bouche toute l'écume et se mettre ensuite sur le dos pour la projeter contre le ciel. Cela faisait alors une dentelle mousseuse qui disparaissait dans l'air ou me retombait en pluie tiède sur le visage. Mais au bout de quelque
755   temps, j'avais la bouche brûlée par l'amertume du sel. Marie m'a rejoint alors et s'est collée à moi dans l'eau. Elle a mis sa bouche contre la mienne. Sa langue rafraîchissait mes lèvres et nous nous sommes roulés dans les vagues pendant un moment.

    Quand nous nous sommes rhabillés sur la plage, Marie me
760   regardait avec des yeux brillants. Je l'ai embrassée. À partir de ce moment, nous n'avons plus parlé. Je l'ai tenue contre moi et nous avons été pressés de trouver un autobus, de rentrer, d'aller chez moi et de nous jeter sur mon lit. J'avais laissé ma fenêtre ouverte et c'était bon de sentir la nuit d'été couler sur nos corps bruns.

765   Ce matin, Marie est restée et je lui ai dit que nous déjeunerions ensemble. Je suis descendu pour acheter de la viande. En remontant, j'ai entendu une voix de femme dans la chambre de Raymond. Un peu après, le vieux Salamano a grondé son chien, nous avons entendu un bruit de semelles et de griffes sur
770   les marches en bois de l'escalier et puis : « Salaud, charogne », ils sont sortis dans la rue. J'ai raconté à Marie l'histoire du vieux et elle a ri. Elle avait un de mes pyjamas dont elle avait retroussé les manches. Quand elle a ri, j'ai eu encore envie d'elle. Un moment après, elle m'a demandé si je l'aimais. Je lui ai répondu que cela
775   ne voulait rien dire, mais qu'il me semblait que non. Elle a eu l'air triste. Mais en préparant le déjeuner, et à propos de rien, elle a encore ri de telle façon que je l'ai embrassée. C'est à ce moment que les bruits d'une dispute ont éclaté chez Raymond.

    On a d'abord entendu une voix aiguë de femme et puis
780   Raymond qui disait : « Tu m'as manqué[1], tu m'as manqué. Je vais t'apprendre à me manquer. » Quelques bruits sourds et la femme

note ....

| **1. m'as manqué** : m'as été infidèle, m'as trompé (en langue populaire).

a hurlé, mais de si terrible façon qu'immédiatement le palier s'est empli de monde. Marie et moi nous sommes sortis aussi. La femme criait toujours et Raymond frappait toujours. Marie m'a
785 dit que c'était terrible et je n'ai rien répondu. Elle m'a demandé d'aller chercher un agent, mais je lui ai dit que je n'aimais pas les agents. Pourtant, il en est arrivé un avec le locataire du deuxième qui est plombier. Il a frappé à la porte et on n'a plus rien entendu. Il a frappé plus fort et au bout d'un moment, la femme a pleuré
790 et Raymond a ouvert. Il avait une cigarette à la bouche et l'air doucereux. La fille s'est précipitée à la porte et a déclaré à l'agent que Raymond l'avait frappée. « Ton nom », a dit l'agent. Raymond a répondu. « Enlève ta cigarette de la bouche quand tu me parles », a dit l'agent. Raymond a hésité, m'a regardé et a tiré sur sa cigarette.
795 À ce moment, l'agent l'a giflé à toute volée d'une claque épaisse et lourde, en pleine joue. La cigarette est tombée quelques mètres plus loin. Raymond a changé de visage, mais il n'a rien dit sur le moment et puis il a demandé d'une voix humble s'il pouvait ramasser son mégot. L'agent a déclaré qu'il le pouvait et il a
800 ajouté : « Mais la prochaine fois, tu sauras qu'un agent n'est pas un guignol[1]. » Pendant ce temps, la fille pleurait et elle a répété : « Il m'a tapée. C'est un maquereau. » — « Monsieur l'agent, a demandé alors Raymond, c'est dans la loi, ça, de dire maquereau à un homme ? » Mais l'agent lui a ordonné « de fermer sa gueule ».
805 Raymond s'est alors retourné vers la fille et il lui a dit : « Attends, petite, on se retrouvera. » L'agent lui a dit de fermer ça, que la fille devait partir et lui rester dans sa chambre en attendant d'être convoqué au commissariat. Il a ajouté que Raymond devrait avoir honte d'être soûl au point de trembler comme il le faisait. À ce
810 moment, Raymond lui a expliqué : « Je ne suis pas soûl, monsieur l'agent. Seulement, je suis là, devant vous, et je tremble, c'est forcé. » Il a fermé sa porte et tout le monde est parti. Marie et

note ....

| **1. guignol :** clown, c.-à-d. un individu dont on se moque.

moi avons fini de préparer le déjeuner. Mais elle n'avait pas faim, j'ai presque tout mangé. Elle est partie à une heure et j'ai dormi un peu.

Vers trois heures, on a frappé à ma porte et Raymond est entré. Je suis resté couché. Il s'est assis sur le bord de mon lit. Il est resté un moment sans parler et je lui ai demandé comment son affaire s'était passée. Il m'a raconté qu'il avait fait ce qu'il voulait mais qu'elle lui avait donné une gifle et qu'alors il l'avait battue. Pour le reste, je l'avais vu. Je lui ai dit qu'il me semblait que maintenant elle était punie et qu'il devait être content. C'était aussi son avis, et il a observé que l'agent avait beau faire, il ne changerait rien aux coups qu'elle avait reçus. Il a ajouté qu'il connaissait bien les agents et qu'il savait comment il fallait s'y prendre avec eux. Il m'a demandé alors si j'avais attendu qu'il réponde à la gifle de l'agent. J'ai répondu que je n'attendais rien du tout et que d'ailleurs je n'aimais pas les agents. Raymond a eu l'air très content. Il m'a demandé si je voulais sortir avec lui. Je me suis levé et j'ai commencé à me peigner. Il m'a dit qu'il fallait que je lui serve de témoin. Moi cela m'était égal, mais je ne savais pas ce que je devais dire. Selon Raymond, il suffisait de déclarer que la fille lui avait manqué. J'ai accepté de lui servir de témoin.

Nous sommes sortis et Raymond m'a offert une fine. Puis il a voulu faire une partie de billard et j'ai perdu de justesse. Il voulait ensuite aller au bordel, mais j'ai dit non parce que je n'aime pas ça. Alors nous sommes rentrés doucement et il me disait combien il était content d'avoir réussi à punir sa maîtresse. Je le trouvais très gentil avec moi et j'ai pensé que c'était un bon moment.

De loin, j'ai aperçu sur le pas de la porte le vieux Salamano qui avait l'air agité. Quand nous nous sommes rapprochés, j'ai vu qu'il n'avait pas son chien. Il regardait de tous les côtés, tournait sur lui-même, tentait de percer le noir du couloir, marmonnait des mots sans suite et recommençait à fouiller la rue de ses petits yeux rouges. Quand Raymond lui a demandé ce qu'il avait, il n'a pas répondu tout de suite. J'ai vaguement entendu qu'il murmurait : « Salaud, charogne », et il continuait à s'agiter. Je lui ai demandé où était son chien. Il m'a répondu brusquement qu'il était parti. Et

850 puis tout d'un coup, il a parlé avec volubilité : « Je l'ai emmené au Champ de Manœuvres, comme d'habitude. Il y avait du monde, autour des baraques foraines. Je me suis arrêté pour regarder "le Roi de l'Évasion". Et quand j'ai voulu repartir, il n'était plus là. Bien sûr, il y a longtemps que je voulais lui acheter un collier

855 moins grand. Mais je n'aurais jamais cru que cette charogne pourrait partir comme ça. »

Raymond lui a expliqué alors que le chien avait pu s'égarer et qu'il allait revenir. Il lui a cité des exemples de chiens qui avaient fait des dizaines de kilomètres pour retrouver leur maître. Malgré

860 cela, le vieux a eu l'air plus agité. « Mais ils me le prendront, vous comprenez. Si encore quelqu'un le recueillait. Mais ce n'est pas possible, il dégoûte tout le monde avec ses croûtes. Les agents le prendront, c'est sûr. » Je lui ai dit alors qu'il devait aller à la fourrière et qu'on le lui rendrait moyennant le paiement de

865 quelques droits. Il m'a demandé si ces droits étaient élevés. Je ne savais pas. Alors, il s'est mis en colère : « Donner de l'argent pour cette charogne. Ah ! il peut bien crever ! » Et il s'est mis à l'insulter. Raymond a ri et a pénétré dans la maison. Je l'ai suivi et nous nous sommes quittés sur le palier de l'étage. Un moment

870 après, j'ai entendu le pas du vieux et il a frappé à ma porte. Quand j'ai ouvert, il est resté un moment sur le seuil et il m'a dit : « Excusez-moi, excusez-moi. » Je l'ai invité à entrer, mais il n'a pas voulu. Il regardait la pointe de ses souliers et ses mains croûteuses tremblaient. Sans me faire face, il m'a demandé : « Ils ne vont pas

875 me le prendre, dites, monsieur Meursault. Ils vont me le rendre. Ou qu'est-ce que je vais devenir ? » Je lui ai dit que la fourrière gardait les chiens trois jours à la disposition de leurs propriétaires et qu'ensuite elle en faisait ce que bon lui semblait. Il m'a regardé

Représentation de *Caligula* d'Albert Camus au Théâtre du Trident en 2010, mise en scène de Gill Champagne. Sur la photo : Steve Gagnon et Christian Michaud dans les rôles de Scipion et de Caligula.

880 en silence. Puis il m'a dit : « Bonsoir. » Il a fermé sa porte et je l'ai
entendu aller et venir. Son lit a craqué. Et au bizarre petit bruit qui
a traversé la cloison, j'ai compris qu'il pleurait. Je ne sais pas
pourquoi j'ai pensé à maman. Mais il fallait que je me lève tôt le
lendemain. Je n'avais pas faim et je me suis couché sans dîner.

V

885 Raymond m'a téléphoné au bureau. Il m'a dit qu'un de ses amis
(il lui avait parlé de moi) m'invitait à passer la journée de
dimanche dans son cabanon, près d'Alger. J'ai répondu que je le
voulais bien, mais que j'avais promis ma journée à une amie.
Raymond m'a tout de suite déclaré qu'il l'invitait aussi. La femme
de son ami serait très contente de ne pas être seule au milieu d'un
890 groupe d'hommes.

J'ai voulu raccrocher tout de suite parce que je sais que le patron
n'aime pas qu'on nous téléphone de la ville. Mais Raymond m'a
demandé d'attendre et il m'a dit qu'il aurait pu me transmettre cette
invitation le soir, mais qu'il voulait m'avertir d'autre chose. Il avait
895 été suivi toute la journée par un groupe d'Arabes parmi lesquels
se trouvait le frère de son ancienne maîtresse. « Si tu le vois près
de la maison ce soir en rentrant, avertis-moi. » J'ai dit que c'était
entendu.

Peu après, le patron m'a fait appeler et, sur le moment, j'ai
900 été ennuyé parce que j'ai pensé qu'il allait me dire de moins
téléphoner et de mieux travailler. Ce n'était pas cela du tout. Il
m'a déclaré qu'il allait me parler d'un projet encore très vague.

Il voulait seulement avoir mon avis sur la question. Il avait l'intention d'installer un bureau à Paris qui traiterait ses affaires sur la place, et directement, avec les grandes compagnies et il voulait savoir si j'étais disposé à y aller. Cela me permettrait de vivre à Paris et aussi de voyager une partie de l'année. « Vous êtes jeune, et il me semble que c'est une vie qui doit vous plaire. » J'ai dit que oui mais que dans le fond cela m'était égal. Il m'a demandé alors si je n'étais pas intéressé par un changement de vie. J'ai répondu qu'on ne changeait jamais de vie, qu'en tout cas toutes se valaient et que la mienne ici ne me déplaisait pas du tout. Il a eu l'air mécontent, m'a dit que je répondais toujours à côté, que je n'avais pas d'ambition et que cela était désastreux dans les affaires. Je suis retourné travailler alors. J'aurais préféré ne pas le mécontenter, mais je ne voyais pas de raison pour changer ma vie. En y réfléchissant bien, je n'étais pas malheureux. Quand j'étais étudiant, j'avais beaucoup d'ambitions de ce genre. Mais quand j'ai dû abandonner mes études, j'ai très vite compris que tout cela était sans importance réelle.

Le soir, Marie est venue me chercher et m'a demandé si je voulais me marier avec elle. J'ai dit que cela m'était égal et que nous pourrions le faire si elle le voulait. Elle a voulu savoir alors si je l'aimais. J'ai répondu comme je l'avais déjà fait une fois, que cela ne signifiait rien mais que sans doute je ne l'aimais pas. « Pourquoi m'épouser alors ? » a-t-elle dit. Je lui ai expliqué que cela n'avait aucune importance et que si elle le désirait, nous pouvions nous marier. D'ailleurs, c'était elle qui le demandait et moi je me contentais de dire oui. Elle a observé alors que le mariage était une chose grave. J'ai répondu : « Non. » Elle s'est tue un moment et elle m'a regardé en silence. Puis elle a parlé. Elle voulait simplement savoir si j'aurais accepté la même proposition venant d'une autre femme, à qui je serais attaché de la même façon. J'ai dit : « Naturellement. » Elle s'est demandé alors si elle m'aimait et moi, je ne pouvais rien savoir sur ce point. Après un autre moment de silence, elle a murmuré que j'étais bizarre, qu'elle m'aimait sans doute à cause de cela mais que peut-être un jour je la dégoûterais pour les mêmes raisons. Comme je me taisais, n'ayant rien à ajouter, elle m'a pris le bras en souriant et elle a déclaré qu'elle voulait se marier avec moi. J'ai répondu que nous le ferions dès qu'elle le voudrait. Je lui ai parlé alors de la proposition du patron et Marie m'a dit qu'elle aimerait connaître Paris. Je lui ai appris que j'y avais vécu dans un temps et elle m'a demandé comment c'était. Je lui ai dit : « C'est sale. Il y a des pigeons et des cours noires. Les gens ont la peau blanche. »

Puis nous avons marché et traversé la ville par ses grandes rues. Les femmes étaient belles et j'ai demandé à Marie si elle le remarquait. Elle m'a dit que oui et qu'elle me comprenait. Pendant un moment, nous n'avons plus parlé. Je voulais cependant qu'elle reste avec moi et je lui ai dit que nous pouvions dîner ensemble chez Céleste. Elle en avait bien envie, mais elle avait à faire. Nous étions près de chez moi et je lui ai dit au revoir. Elle m'a regardé : « Tu ne veux pas savoir ce que j'ai à faire ? » Je voulais bien le savoir, mais je n'y avais pas pensé et c'est ce qu'elle avait l'air de me reprocher. Alors, devant mon air empêtré, elle a encore ri et elle a eu vers moi un mouvement de tout le corps pour me tendre sa bouche.

J'ai dîné chez Céleste. J'avais déjà commencé à manger lorsqu'il est entré une bizarre petite femme qui m'a demandé si elle pouvait s'asseoir à ma table. Naturellement, elle le pouvait. Elle avait des gestes saccadés et des yeux brillants dans une petite figure de pomme. Elle s'est débarrassée de sa jaquette[1], s'est assise et a consulté fiévreusement la carte. Elle a appelé Céleste et a commandé immédiatement tous ses plats d'une voix à la fois précise et précipitée. En attendant les hors-d'œuvre, elle a ouvert son sac, en a sorti un petit carré de papier et un crayon, a fait d'avance

| **1. jaquette** : veste de femme.

l'addition, puis a tiré d'un gousset, augmentée du pourboire, la somme exacte qu'elle a placée devant elle. À ce moment, on lui a apporté des hors-d'œuvre qu'elle a engloutis à toute vitesse. En
970 attendant le plat suivant, elle a encore sorti de son sac un crayon bleu et un magazine qui donnait les programmes radiophoniques de la semaine. Avec beaucoup de soin, elle a coché une à une presque toutes les émissions. Comme le magazine avait une douzaine de pages, elle a continué ce travail méticuleusement
975 pendant tout le repas. J'avais déjà fini qu'elle cochait encore avec la même application. Puis elle s'est levée, a remis sa jaquette avec les mêmes gestes précis d'automate[1] et elle est partie. Comme je n'avais rien à faire, je suis sorti aussi et je l'ai suivie un moment. Elle s'était placée sur la bordure du trottoir et avec une vitesse et
980 une sûreté incroyables, elle suivait son chemin sans dévier et sans se retourner. J'ai fini par la perdre de vue et par revenir sur mes pas. J'ai pensé qu'elle était bizarre, mais je l'ai oubliée assez vite.

Sur le pas de ma porte, j'ai trouvé le vieux Salamano. Je l'ai fait entrer et il m'a appris que son chien était perdu, car il n'était pas
985 à la fourrière. Les employés lui avaient dit que, peut-être, il avait été écrasé. Il avait demandé s'il n'était pas possible de le savoir dans les commissariats. On lui avait répondu qu'on ne gardait pas trace de ces choses-là, parce qu'elles arrivaient tous les jours. J'ai dit au vieux Salamano qu'il pourrait avoir un autre chien, mais il
990 a eu raison de me faire remarquer qu'il était habitué à celui-là.

J'étais accroupi sur mon lit et Salamano s'était assis sur une chaise devant la table. Il me faisait face et il avait ses deux mains sur les genoux. Il avait gardé son vieux feutre. Il mâchonnait des bouts de phrases sous sa moustache jaunie. Il m'ennuyait un peu,
995 mais je n'avais rien à faire et je n'avais pas sommeil. Pour dire quelque chose, je l'ai interrogé sur son chien. Il m'a dit qu'il l'avait eu après la mort de sa femme. Il s'était marié assez tard. Dans sa

note ....

| **1. automate** : en quelque sorte réduite à l'état de robot avec une gestuelle répétitive.

jeunesse, il avait eu envie de faire du théâtre : au régiment il jouait dans les vaudevilles militaires. Mais finalement, il était entré dans les chemins de fer et il ne le regrettait pas, parce que maintenant il avait une petite retraite. Il n'avait pas été heureux avec sa femme, mais dans l'ensemble il s'était bien habitué à elle. Quand elle était morte, il s'était senti très seul. Alors, il avait demandé un chien à un camarade d'atelier et il avait eu celui-là très jeune. Il avait fallu le nourrir au biberon. Mais comme un chien vit moins qu'un homme, ils avaient fini par être vieux ensemble. « Il avait mauvais caractère, m'a dit Salamano. De temps en temps, on avait des prises de bec. Mais c'était un bon chien quand même. » J'ai dit qu'il était de belle race et Salamano a eu l'air content. « Et encore, a-t-il ajouté, vous ne l'avez pas connu avant sa maladie. C'était le poil qu'il avait de plus beau. » Tous les soirs et tous les matins, depuis que le chien avait eu cette maladie de peau, Salamano le passait à la pommade. Mais selon lui, sa vraie maladie, c'était la vieillesse, et la vieillesse ne se guérit pas.

À ce moment, j'ai bâillé et le vieux m'a annoncé qu'il allait partir. Je lui ai dit qu'il pouvait rester, et que j'étais ennuyé de ce qui était arrivé à son chien : il m'a remercié. Il m'a dit que maman aimait beaucoup son chien. En parlant d'elle, il l'appelait « votre pauvre mère ». Il a émis la supposition que je devais être bien malheureux depuis que maman était morte et je n'ai rien répondu. Il m'a dit alors, très vite et avec un air gêné, qu'il savait que dans le quartier on m'avait mal jugé parce que j'avais mis ma mère à l'asile, mais il me connaissait et il savait que j'aimais beaucoup maman. J'ai répondu, je ne sais pas encore pourquoi, que j'ignorais jusqu'ici qu'on me jugeât mal à cet égard, mais que l'asile m'avait paru une chose naturelle puisque je n'avais pas assez d'argent pour faire garder maman. « D'ailleurs, ai-je ajouté, il y avait longtemps qu'elle n'avait rien à me dire et qu'elle s'ennuyait toute seule. – Oui, m'a-t-il dit, et à l'asile, du moins, on se fait des camarades. » Puis il s'est excusé. Il voulait dormir. Sa vie avait changé maintenant et il ne savait pas trop ce qu'il allait faire. Pour la première fois depuis que je le connaissais, d'un geste furtif, il m'a tendu la main et j'ai senti les écailles de sa peau. Il a souri un peu et avant de partir, il m'a dit : « J'espère que les chiens n'aboieront pas cette nuit. Je crois toujours que c'est le mien. »

VI

Le dimanche, j'ai eu de la peine à me réveiller et il a fallu que Marie m'appelle et me secoue. Nous n'avons pas mangé parce que nous voulions nous baigner tôt. Je me sentais tout à fait vide et j'avais un peu mal à la tête. Ma cigarette avait un goût amer. Marie s'est moquée de moi parce qu'elle disait que j'avais « une tête d'enterrement ». Elle avait mis une robe de toile blanche et lâché ses cheveux. Je lui ai dit qu'elle était belle, elle a ri de plaisir.

En descendant, nous avons frappé à la porte de Raymond. Il nous a répondu qu'il descendait. Dans la rue, à cause de ma fatigue et aussi parce que nous n'avions pas ouvert les persiennes, le jour, déjà tout plein de soleil, m'a frappé comme une gifle. Marie sautait de joie et n'arrêtait pas de dire qu'il faisait beau. Je me suis senti mieux et je me suis aperçu que j'avais faim. Je l'ai dit à Marie qui m'a montré son sac en toile cirée où elle avait mis nos deux maillots et une serviette. Je n'avais plus qu'à attendre et nous avons entendu Raymond fermer sa porte. Il avait un pantalon bleu et une chemise blanche à manches courtes. Mais il avait mis un canotier, ce qui a fait rire Marie, et ses avant-bras étaient très blancs sous les poils noirs. J'en étais un peu dégoûté. Il sifflait en

1055 descendant et il avait l'air très content. Il m'a dit : « Salut, vieux », et il a appelé Marie « mademoiselle ».

La veille nous étions allés au commissariat et j'avais témoigné que la fille avait « manqué » à Raymond. Il en a été quitte pour un avertissement. On n'a pas contrôlé mon affirmation. Devant la

1060 porte, nous en avons parlé avec Raymond, puis nous avons décidé de prendre l'autobus. La plage n'était pas très loin, mais nous irions plus vite ainsi. Raymond pensait que son ami serait content de nous voir arriver tôt. Nous allions partir quand Raymond, tout d'un coup, m'a fait signe de regarder en face. J'ai vu un groupe

1065 d'Arabes adossés à la devanture du bureau de tabac. Ils nous regardaient en silence, mais à leur manière, ni plus ni moins que si nous étions des pierres ou des arbres morts. Raymond m'a dit que le deuxième à partir de la gauche était son type, et il a eu l'air préoccupé. Il a ajouté que, pourtant, c'était maintenant une

1070 histoire finie. Marie ne comprenait pas très bien et nous a demandé ce qu'il y avait. Je lui ai dit que c'étaient des Arabes qui en voulaient à Raymond. Elle a voulu qu'on parte tout de suite. Raymond s'est redressé et il a ri en disant qu'il fallait se dépêcher.

Nous sommes allés vers l'arrêt d'autobus qui était un peu plus

1075 loin et Raymond m'a annoncé que les Arabes ne nous suivaient pas. Je me suis retourné. Ils étaient toujours à la même place et ils regardaient avec la même indifférence l'endroit que nous venions de quitter. Nous avons pris l'autobus. Raymond, qui paraissait tout à fait soulagé, n'arrêtait pas de faire des plaisanteries pour Marie.

1080 J'ai senti qu'elle lui plaisait, mais elle ne lui répondait presque pas. De temps en temps, elle le regardait en riant.

Nous sommes descendus dans la banlieue d'Alger. La plage n'est pas loin de l'arrêt d'autobus. Mais il a fallu traverser un petit plateau qui domine la mer et qui dévale ensuite vers la plage. Il

1085 était couvert de pierres jaunâtres et d'asphodèles[1] tout blancs sur

note ....

| 1. **asphodèles** : plantes à larges fleurs.

87

le bleu déjà dur du ciel. Marie s'amusait à en éparpiller les pétales à grands coups de son sac de toile cirée. Nous avons marché entre des files de petites villas à barrières vertes ou blanches, quelques-unes enfouies avec leurs vérandas sous les tamaris[1], quelques autres 1090 nues au milieu des pierres. Avant d'arriver au bord du plateau, on pouvait voir déjà la mer immobile et plus loin un cap somnolent et massif dans l'eau claire. Un léger bruit de moteur est monté dans l'air calme jusqu'à nous. Et nous avons vu, très loin, un petit chalutier qui avançait, imperceptiblement, sur la mer éclatante. 1095 Marie a cueilli quelques iris de roche. De la pente qui descendait vers la mer nous avons vu qu'il y avait déjà quelques baigneurs.

L'ami de Raymond habitait un petit cabanon de bois à l'extrémité de la plage. La maison était adossée à des rochers et les pilotis qui la soutenaient sur le devant baignaient déjà dans 1100 l'eau. Raymond nous a présentés. Son ami s'appelait Masson. C'était un grand type, massif de taille et d'épaules, avec une petite femme ronde et gentille, à l'accent parisien. Il nous a dit tout de suite de nous mettre à l'aise et qu'il y avait une friture de poissons qu'il avait pêchés le matin même. Je lui ai dit combien je trouvais 1105 sa maison jolie. Il m'a appris qu'il y venait passer le samedi, le dimanche et tous ses jours de congé. « Avec ma femme, on s'entend bien », a-t-il ajouté. Justement, sa femme riait avec Marie. Pour la première fois peut-être, j'ai pensé vraiment que j'allais me marier.

Masson voulait se baigner, mais sa femme et Raymond ne 1110 voulaient pas venir. Nous sommes descendus tous les trois et Marie s'est immédiatement jetée dans l'eau. Masson et moi, nous avons attendu un peu. Lui parlait lentement et j'ai remarqué qu'il avait l'habitude de compléter tout ce qu'il avançait par un « et je dirai plus », même quand, au fond, il n'ajoutait rien au sens de sa 1115 phrase. À propos de Marie, il m'a dit : « Elle est épatante, et je dirai plus, charmante. » Puis je n'ai plus fait attention à ce tic parce que

note ....

| **1. tamaris :** variété d'arbres ou d'arbustes.

j'étais occupé à éprouver que le soleil me faisait du bien. Le sable commençait à chauffer sous les pieds. J'ai retardé encore l'envie que j'avais de l'eau, mais j'ai fini par dire à Masson : « On y va ? » J'ai plongé. Lui est entré dans l'eau doucement et s'est jeté quand il a perdu pied. Il nageait à la brasse et assez mal, de sorte que je l'ai laissé pour rejoindre Marie. L'eau était froide et j'étais content de nager. Avec Marie, nous nous sommes éloignés et nous nous sentions d'accord dans nos gestes et dans notre contentement.

Au large, nous avons fait la planche et sur mon visage tourné vers le ciel le soleil écartait les derniers voiles d'eau qui me coulaient dans la bouche. Nous avons vu que Masson regagnait la plage pour s'étendre au soleil. De loin, il paraissait énorme. Marie a voulu que nous nagions ensemble. Je me suis mis derrière elle pour la prendre par la taille et elle avançait à la force des bras pendant que je l'aidais en battant des pieds. Le petit bruit de l'eau battue nous a suivis dans le matin jusqu'à ce que je me sente fatigué. Alors j'ai laissé Marie et je suis rentré en nageant régulièrement et en respirant bien. Sur la plage, je me suis étendu à plat ventre près de Masson et j'ai mis ma figure dans le sable. Je lui ai dit que « c'était bon » et il était de cet avis. Peu après, Marie est venue. Je me suis retourné pour la regarder avancer. Elle était toute visqueuse d'eau salée et elle tenait ses cheveux en arrière. Elle s'est allongée flanc à flanc avec moi et les deux chaleurs de son corps et du soleil m'ont un peu endormi.

Marie m'a secoué et m'a dit que Masson était remonté chez lui, il fallait déjeuner. Je me suis levé tout de suite parce que j'avais faim, mais Marie m'a dit que je ne l'avais pas embrassée depuis ce matin. C'était vrai et pourtant j'en avais envie. « Viens dans l'eau », m'a-t-elle dit. Nous avons couru pour nous étaler dans les premières petites vagues. Nous avons fait quelques brasses et elle s'est collée contre moi. J'ai senti ses jambes autour des miennes et je l'ai désirée.

Quand nous sommes revenus, Masson nous appelait déjà. J'ai dit que j'avais très faim et il a déclaré tout de suite à sa femme que je lui plaisais. Le pain était bon, j'ai dévoré ma part de poisson. Il y avait ensuite de la viande et des pommes de terre frites. Nous mangions tous sans parler. Masson buvait souvent du vin et il me servait sans arrêt. Au café, j'avais la tête un peu lourde et j'ai fumé beaucoup. Masson, Raymond et moi, nous avons envisagé de passer ensemble le mois d'août à la plage, à frais communs. Marie nous a dit tout d'un coup : « Vous savez quelle heure il est ? Il est onze heures et demie. » Nous étions tous étonnés, mais Masson a dit qu'on avait mangé très tôt, et que c'était naturel parce que l'heure du déjeuner, c'était l'heure où l'on avait faim. Je ne sais pas pourquoi cela a fait rire Marie. Je crois qu'elle avait un peu trop bu. Masson m'a demandé alors si je voulais me promener sur la plage avec lui. « Ma femme fait toujours la sieste après le déjeuner. Moi, je n'aime pas ça. Il faut que je marche. Je lui dis toujours que c'est meilleur pour la santé. Mais après tout, c'est son droit. » Marie a déclaré qu'elle resterait pour aider Mᵐᵉ Masson à faire la vaisselle. La petite Parisienne a dit que pour cela, il fallait mettre les hommes dehors. Nous sommes descendus tous les trois.

Le soleil tombait presque d'aplomb sur le sable et son éclat sur la mer était insoutenable. Il n'y avait plus personne sur la plage. Dans les cabanons qui bordaient le plateau et qui surplombaient la mer, on entendait des bruits d'assiettes et de couverts. On respirait à peine dans la chaleur de pierre qui montait du sol. Pour commencer, Raymond et Masson ont parlé de choses et de gens que je ne connaissais pas. J'ai compris qu'il y avait longtemps qu'ils se connaissaient et qu'ils avaient même vécu ensemble à un moment. Nous nous sommes dirigés vers l'eau et nous avons longé la mer. Quelquefois, une petite vague plus longue que l'autre venait mouiller nos souliers de toile. Je ne pensais à rien parce que j'étais à moitié endormi par ce soleil sur ma tête nue.

À ce moment, Raymond a dit à Masson quelque chose que j'ai mal entendu. Mais j'ai aperçu en même temps, tout au bout de la plage et très loin de nous, deux Arabes en bleu de chauffe[1] qui venaient dans notre direction. J'ai regardé Raymond et il m'a dit : « C'est lui. » Nous avons continué à marcher. Masson a demandé comment ils avaient pu nous suivre jusque-là. J'ai pensé qu'ils avaient dû nous voir prendre l'autobus avec un sac de plage, mais je n'ai rien dit.

Les Arabes avançaient lentement et ils étaient déjà beaucoup plus rapprochés. Nous n'avons pas changé notre allure, mais Raymond a dit : « S'il y a de la bagarre, toi, Masson, tu prendras le deuxième. Moi, je me charge de mon type. Toi, Meursault, s'il en arrive un autre, il est pour toi. » J'ai dit : « Oui » et Masson a mis ses mains dans les poches. Le sable surchauffé me semblait rouge maintenant. Nous avancions d'un pas égal vers les Arabes. La distance entre nous a diminué régulièrement. Quand nous avons été à quelques pas les uns des autres, les Arabes se sont arrêtés. Masson et moi nous avons ralenti notre pas. Raymond est allé tout droit vers son type. J'ai mal entendu ce qu'il lui a dit, mais l'autre a fait mine de lui donner un coup de tête. Raymond a frappé alors une première fois et il a tout de suite appelé Masson. Masson est allé à celui qu'on lui avait désigné et il a frappé deux fois avec tout son poids. L'Arabe s'est aplati dans l'eau, la face contre le fond, et il est resté quelques secondes ainsi, des bulles crevant à la surface, autour de sa tête. Pendant ce temps Raymond aussi a frappé et l'autre avait la figure en sang. Raymond s'est retourné vers moi et a dit : « Tu vas voir ce qu'il va prendre. » Je lui ai crié : « Attention, il a un couteau ! » Mais déjà Raymond avait le bras ouvert et la bouche tailladée.

Masson a fait un bond en avant. Mais l'autre Arabe s'était relevé et il s'est placé derrière celui qui était armé. Nous n'avons pas osé

note ....

| 1. **bleu de chauffe** : vêtement de travail en tissu denim, de style jean.

bouger. Ils ont reculé lentement, sans cesser de nous regarder et de nous tenir en respect avec le couteau. Quand ils ont vu qu'ils avaient assez de champ, ils se sont enfuis très vite, pendant que nous restions cloués sous le soleil et que Raymond tenait serré son bras dégouttant de sang.

Masson a dit immédiatement qu'il y avait un docteur qui passait ses dimanches sur le plateau. Raymond a voulu y aller tout de suite. Mais chaque fois qu'il parlait, le sang de sa blessure faisait des bulles dans sa bouche. Nous l'avons soutenu et nous sommes revenus au cabanon aussi vite que possible. Là, Raymond a dit que ses blessures étaient superficielles et qu'il pouvait aller chez le docteur. Il est parti avec Masson et je suis resté pour expliquer aux femmes ce qui était arrivé. Mme Masson pleurait et Marie était très pâle. Moi, cela m'ennuyait de leur expliquer. J'ai fini par me taire et j'ai fumé en regardant la mer.

Vers une heure et demie, Raymond est revenu avec Masson. Il avait le bras bandé et du sparadrap au coin de la bouche. Le docteur lui avait dit que ce n'était rien, mais Raymond avait l'air très sombre. Masson a essayé de le faire rire. Mais il ne parlait toujours pas. Quand il a dit qu'il descendait sur la plage, je lui ai demandé où il allait. Masson et moi avons dit que nous allions l'accompagner. Alors, il s'est mis en colère et nous a insultés. Masson a déclaré qu'il ne fallait pas le contrarier. Moi, je l'ai suivi quand même.

Nous avons marché longtemps sur la plage. Le soleil était maintenant écrasant. Il se brisait en morceaux sur le sable et sur la mer. J'ai eu l'impression que Raymond savait où il allait, mais c'était sans doute faux. Tout au bout de la plage, nous sommes arrivés enfin à une petite source qui coulait dans le sable, derrière un gros rocher. Là, nous avons trouvé nos deux Arabes. Ils étaient couchés, dans leurs bleus de chauffe graisseux. Ils avaient l'air tout à fait calmes et presque contents. Notre venue n'a rien changé. Celui qui avait frappé Raymond le regardait sans rien dire. L'autre

92

soufflait dans un petit roseau et répétait sans cesse, en nous regardant du coin de l'œil, les trois notes qu'il obtenait de son instrument.

Pendant tout ce temps, il n'y a plus eu que le soleil et ce silence, avec le petit bruit de la source et les trois notes. Puis Raymond a porté la main à sa poche revolver, mais l'autre n'a pas bougé et ils se regardaient toujours. J'ai remarqué que celui qui jouait de la flûte avait les doigts des pieds très écartés. Mais sans quitter des yeux son adversaire, Raymond m'a demandé : « Je le descends ? » J'ai pensé que si je disais non il s'exciterait tout seul et tirerait certainement. Je lui ai seulement dit : « Il ne t'a pas encore parlé. Ça ferait vilain de tirer comme ça. » On a encore entendu le petit bruit d'eau et de flûte au cœur du silence et de la chaleur. Puis Raymond a dit : « Alors, je vais l'insulter et quand il répondra, je le descendrai. » J'ai répondu : « C'est ça. Mais s'il ne sort pas son couteau, tu ne peux pas tirer. » Raymond a commencé à s'exciter un peu. L'autre jouait toujours et tous deux observaient chaque geste de Raymond. « Non, ai-je dit à Raymond. Prends-le d'homme à homme et donne-moi ton revolver. Si l'autre intervient, ou s'il tire son couteau, je le descendrai. »

Quand Raymond m'a donné son revolver, le soleil a glissé dessus. Pourtant, nous sommes restés encore immobiles comme si tout s'était refermé autour de nous. Nous nous regardions sans baisser les yeux et tout s'arrêtait ici entre la mer, le sable et le soleil, le double silence de la flûte et de l'eau. J'ai pensé à ce moment qu'on pouvait tirer ou ne pas tirer. Mais brusquement, les Arabes, à reculons, se sont coulés derrière le rocher. Raymond et moi sommes alors revenus sur nos pas. Lui paraissait mieux et il a parlé de l'autobus du retour.

Je l'ai accompagné jusqu'au cabanon et, pendant qu'il gravissait l'escalier de bois je suis resté devant la première marche, la tête retentissante de soleil, découragé devant l'effort qu'il fallait faire pour monter l'étage de bois et aborder encore les femmes. Mais

la chaleur était telle qu'il m'était pénible aussi de rester immobile
sous la pluie aveuglante qui tombait du ciel. Rester ici ou partir,
cela revenait au même. Au bout d'un moment, je suis retourné
vers la plage et je me suis mis à marcher.

C'était le même éclatement rouge. Sur le sable, la mer haletait
de toute la respiration rapide et étouffée de ses petites vagues. Je
marchais lentement vers les rochers et je sentais mon front se
gonfler sous le soleil. Toute cette chaleur s'appuyait sur moi et
s'opposait à mon avance. Et chaque fois que je sentais son grand
souffle chaud sur mon visage, je serrais les dents, je fermais les
poings dans les poches de mon pantalon, je me tendais tout
entier pour triompher du soleil et de cette ivresse opaque qu'il
me déversait. À chaque épée de lumière jaillie du sable, d'un
coquillage blanchi ou d'un débris de verre, mes mâchoires se
crispaient. J'ai marché longtemps.

Je voyais de loin la petite masse sombre du rocher entourée d'un
halo aveuglant par la lumière et la poussière de mer. Je pensais à
la source fraîche derrière le rocher. J'avais envie de retrouver le
murmure de son eau, envie de fuir le soleil, l'effort et les pleurs
de femme, envie enfin de retrouver l'ombre et son repos. Mais
quand j'ai été plus près, j'ai vu que le type de Raymond était
revenu.

Il était seul. Il reposait sur le dos, les mains sous la nuque, le
front dans les ombres du rocher, tout le corps au soleil. Son bleu
de chauffe fumait dans la chaleur. J'ai été un peu surpris. Pour
moi, c'était une histoire finie et j'étais venu là sans y penser.

Dès qu'il m'a vu, il s'est soulevé un peu et a mis la main dans
sa poche. Moi, naturellement, j'ai serré le revolver de Raymond
dans mon veston. Alors de nouveau, il s'est laissé aller en arrière,
mais sans retirer la main de sa poche. J'étais assez loin de lui, à
une dizaine de mètres. Je devinais son regard par instants, entre
ses paupières mi-closes. Mais le plus souvent, son image dansait
devant mes yeux, dans l'air enflammé. Le bruit des vagues était

encore plus paresseux, plus étale qu'à midi. C'était le même soleil, la même lumière sur le même sable qui se prolongeait ici. Il y avait déjà deux heures que la journée n'avançait plus, deux heures qu'elle avait jeté l'ancre dans un océan de métal bouillant. À l'horizon, un petit vapeur est passé et j'en ai deviné la tache noire au bord de mon regard, parce que je n'avais pas cessé de regarder l'Arabe.

J'ai pensé que je n'avais qu'un demi-tour à faire et ce serait fini. Mais toute une plage vibrante de soleil se pressait derrière moi. J'ai fait quelques pas vers la source. L'Arabe n'a pas bougé. Malgré tout, il était encore assez loin. Peut-être à cause des ombres sur son visage, il avait l'air de rire. J'ai attendu. La brûlure du soleil gagnait mes joues et j'ai senti des gouttes de sueur s'amasser dans mes sourcils. C'était le même soleil que le jour où j'avais enterré maman et, comme alors, le front surtout me faisait mal et toutes ses veines battaient ensemble sous la peau. À cause de cette brûlure que je ne pouvais plus supporter, j'ai fait un mouvement en avant. Je savais que c'était stupide, que je ne me débarrasserais pas du soleil en me déplaçant d'un pas. Mais j'ai fait un pas, un seul pas en avant. Et cette fois, sans se soulever, l'Arabe a tiré son couteau qu'il m'a présenté dans le soleil. La lumière a giclé sur l'acier et c'était comme une longue lame étincelante qui m'atteignait au front. Au même instant, la sueur amassée dans mes sourcils a coulé d'un coup sur les paupières et les a recouvertes d'un voile tiède et épais. Mes yeux étaient aveuglés derrière ce rideau de larmes et de sel. Je ne sentais plus que les cymbales du soleil sur mon front et, indistinctement, le glaive éclatant jailli du couteau toujours en face de moi. Cette épée brûlante rongeait mes cils et fouillait mes yeux douloureux. C'est alors que tout a vacillé. La mer a charrié un souffle épais et ardent. Il m'a semblé que le ciel s'ouvrait sur toute son étendue pour laisser pleuvoir du feu. Tout mon être s'est tendu et j'ai crispé ma main sur le revolver. La gâchette a cédé, j'ai touché le ventre poli de la crosse et c'est là,

1345 dans le bruit à la fois sec et assourdissant que tout a commencé. J'ai secoué la sueur et le soleil. J'ai compris que j'avais détruit l'équilibre du jour, le silence exceptionnel d'une plage où j'avais été heureux. Alors, j'ai tiré encore quatre fois sur un corps inerte où les balles s'enfonçaient sans qu'il y parût. Et c'était comme

1350 quatre coups brefs que je frappais sur la porte du malheur.

I

Tout de suite après mon arrestation, j'ai été interrogé plusieurs fois. Mais il s'agissait d'interrogatoires d'identité qui n'ont pas duré longtemps. La première fois au commissariat, mon affaire semblait n'intéresser personne. Huit jours après, le juge d'instruction[1], au contraire, m'a regardé avec curiosité. Mais pour commencer, il m'a seulement demandé mon nom et mon adresse, ma profession, la date et le lieu de ma naissance. Puis il a voulu savoir si j'avais choisi un avocat. J'ai reconnu que non et je l'ai questionné pour savoir s'il était absolument nécessaire d'en avoir un. «Pourquoi?» a-t-il dit. J'ai répondu que je trouvais mon affaire très simple. Il a souri en disant : «C'est un avis. Pourtant, la loi est là. Si vous ne choisissez pas d'avocat, nous en désignerons un d'office.» J'ai trouvé qu'il était très commode que la justice se chargeât de ces détails. Je le lui ai dit. Il m'a approuvé et a conclu que la loi était bien faite.

note ....

| **1. juge d'instruction :** dans le système judiciaire français, celui qui se charge de l'enquête.

Au début, je ne l'ai pas pris au sérieux. Il m'a reçu dans une pièce tendue de rideaux, il avait sur son bureau une seule lampe qui éclairait le fauteuil où il m'a fait asseoir pendant que lui-même restait dans l'ombre. J'avais déjà lu une description semblable dans des livres et tout cela m'a paru un jeu. Après notre conversation, au contraire, je l'ai regardé et j'ai vu un homme aux traits fins, aux yeux bleus enfoncés, grand, avec une longue moustache grise et d'abondants cheveux presque blancs. Il m'a paru très raisonnable, et, somme toute, sympathique, malgré quelques tics nerveux qui lui tiraient la bouche. En sortant, j'allais même lui tendre la main, mais je me suis souvenu à temps que j'avais tué un homme.

Le lendemain, un avocat est venu me voir à la prison. Il était petit et rond, assez jeune, les cheveux soigneusement collés. Malgré la chaleur (j'étais en manches de chemise), il avait un costume sombre, un col cassé et une cravate bizarre à grosses raies noires et blanches. Il a posé sur mon lit la serviette qu'il portait sous le bras, s'est présenté et m'a dit qu'il avait étudié mon dossier. Mon affaire était délicate, mais il ne doutait pas du succès, si je lui faisais confiance. Je l'ai remercié et il m'a dit : « Entrons dans le vif du sujet. »

Il s'est assis sur le lit et m'a expliqué qu'on avait pris des renseignements sur ma vie privée. On avait su que ma mère était morte récemment à l'asile. On avait alors fait une enquête à Marengo. Les instructeurs avaient appris que « j'avais fait preuve d'insensibilité » le jour de l'enterrement de maman. « Vous comprenez, m'a dit mon avocat, cela me gêne un peu de vous demander cela. Mais c'est très important. Et ce sera un gros argument pour l'accusation, si je ne trouve rien à répondre. » Il voulait que je l'aide. Il m'a demandé si j'avais eu de la peine ce jour-là. Cette question m'a beaucoup étonné et il me semblait que j'aurais été très gêné si j'avais eu à la poser. J'ai répondu cependant que j'avais un peu perdu l'habitude de m'interroger et

qu'il m'était difficile de le renseigner. Sans doute, j'aimais bien
maman, mais cela ne voulait rien dire. Tous les êtres sains avaient
plus ou moins souhaité la mort de ceux qu'ils aimaient. Ici,
l'avocat m'a coupé et a paru très agité. Il m'a fait promettre de ne
pas dire cela à l'audience, ni chez le magistrat instructeur.
Cependant, je lui ai expliqué que j'avais une nature telle que mes
besoins physiques dérangeaient souvent mes sentiments. Le jour
où j'avais enterré maman, j'étais très fatigué, et j'avais sommeil.
De sorte que je ne me suis pas rendu compte de ce qui se passait.
Ce que je pouvais dire à coup sûr, c'est que j'aurais préféré que
maman ne mourût pas. Mais mon avocat n'avait pas l'air content.
Il m'a dit : « Ceci n'est pas assez. »

Il a réfléchi. Il m'a demandé s'il pouvait dire que ce jour-là
j'avais dominé mes sentiments naturels. Je lui ai dit : « Non, parce
que c'est faux. » Il m'a regardé d'une façon bizarre, comme si je
lui inspirais un peu de dégoût. Il m'a dit presque méchamment
que dans tous les cas le directeur et le personnel de l'asile seraient
entendus comme témoins et que « cela pouvait me jouer un très
sale tour ». Je lui ai fait remarquer que cette histoire n'avait pas de
rapport avec mon affaire, mais il m'a répondu seulement qu'il
était visible que je n'avais jamais eu de rapports avec la justice.

Il est parti avec un air fâché. J'aurais voulu le retenir, lui
expliquer que je désirais sa sympathie, non pour être mieux
défendu, mais, si je puis dire, naturellement. Surtout, je voyais que
je le mettais mal à l'aise. Il ne me comprenait pas et il m'en voulait
un peu. J'avais le désir de lui affirmer que j'étais comme tout le
monde, absolument comme tout le monde. Mais tout cela, au
fond, n'avait pas grande utilité et j'y ai renoncé par paresse.

Peu de temps après, j'étais conduit de nouveau devant le juge
d'instruction. Il était deux heures de l'après-midi et cette fois, son
bureau était plein d'une lumière à peine tamisée par un rideau de
voile. Il faisait très chaud. Il m'a fait asseoir et, avec beaucoup de
courtoisie, m'a déclaré que mon avocat, « par suite d'un contretemps »,

n'avait pu venir. Mais j'avais le droit de ne pas répondre à ses questions et d'attendre que mon avocat pût m'assister. J'ai dit que je pouvais répondre seul. Il a touché du doigt un bouton sur la table. Un jeune greffier[1] est venu s'installer presque dans mon dos.

Nous nous sommes tous les deux carrés dans nos fauteuils. L'interrogatoire a commencé. Il m'a d'abord dit qu'on me dépeignait comme étant d'un caractère taciturne et renfermé et il a voulu savoir ce que j'en pensais. J'ai répondu : « C'est que je n'ai jamais grand-chose à dire. Alors je me tais. » Il a souri comme la première fois, a reconnu que c'était la meilleure des raisons et a ajouté : « D'ailleurs, cela n'a aucune importance. » Il s'est tu, m'a regardé et s'est redressé assez brusquement pour me dire très vite : « Ce qui m'intéresse, c'est vous. » Je n'ai pas bien compris ce qu'il entendait par là et je n'ai rien répondu. « Il y a des choses, a-t-il ajouté, qui m'échappent dans votre geste. Je suis sûr que vous allez m'aider à les comprendre. » J'ai dit que tout était très simple. Il m'a pressé de lui retracer ma journée. Je lui ai retracé ce que déjà je lui avais raconté : Raymond, la plage, le bain, la querelle, encore la plage, la petite source, le soleil et les cinq coups de revolver. À chaque phrase il disait : « Bien, bien. » Quand je suis arrivé au corps étendu, il a approuvé en disant : « Bon. » Moi, j'étais lassé de répéter ainsi la même histoire et il me semblait que je n'avais jamais autant parlé.

Après un silence, il s'est levé et m'a dit qu'il voulait m'aider, que je l'intéressais et qu'avec l'aide de Dieu, il ferait quelque chose pour moi. Mais auparavant, il voulait me poser encore quelques questions. Sans transition, il m'a demandé si j'aimais maman. J'ai dit : « Oui, comme tout le monde » et le greffier, qui jusqu'ici tapait régulièrement sur sa machine, a dû se tromper de touches, car il s'est embarrassé et a été obligé de revenir en arrière. Toujours sans logique apparente, le juge m'a alors demandé si j'avais tiré les cinq

note ....

| **1. greffier :** équivalent de secrétaire juridique.

100

coups de revolver à la suite. J'ai réfléchi et précisé que j'avais tiré une seule fois d'abord et, après quelques secondes, les quatre autres coups. «Pourquoi avez-vous attendu entre le premier et le second coup?» dit-il alors. Une fois de plus, j'ai revu la plage rouge et j'ai senti sur mon front la brûlure du soleil. Mais cette fois, je n'ai rien répondu. Pendant tout le silence qui a suivi le juge a eu l'air de s'agiter. Il s'est assis, a fourragé dans ses cheveux, a mis ses coudes sur son bureau et s'est penché un peu vers moi avec un air étrange: «Pourquoi, pourquoi avez-vous tiré sur un corps à terre?» Là encore, je n'ai pas su répondre. Le juge a passé ses mains sur son front et a répété sa question d'une voix un peu altérée: «Pourquoi? Il faut que vous me le disiez. Pourquoi?» Je me taisais toujours.

Brusquement, il s'est levé, a marché à grands pas vers une extrémité de son bureau et a ouvert un tiroir dans un classeur. Il en a tiré un crucifix d'argent qu'il a brandi en revenant vers moi. Et d'une voix toute changée, presque tremblante, il s'est écrié: «Est-ce que vous le connaissez, celui-là?» J'ai dit: «Oui, naturellement.» Alors il m'a dit très vite et d'une façon passionnée que lui croyait en Dieu, que sa conviction était qu'aucun homme n'était assez coupable pour que Dieu ne lui pardonnât pas, mais qu'il fallait pour cela que l'homme par son repentir devînt comme un enfant dont l'âme est vide et prête à tout accueillir. Il avait tout son corps penché sur la table. Il agitait son crucifix presque au-dessus de moi. À vrai dire, je l'avais très mal suivi dans son raisonnement, d'abord parce que j'avais chaud et qu'il y avait dans son cabinet de grosses mouches qui se posaient sur ma figure, et aussi parce qu'il me faisait un peu peur. Je reconnaissais en même temps que c'était ridicule parce que, après tout, c'était moi le criminel. Il a continué pourtant. J'ai à peu près compris qu'à son avis il n'y avait qu'un point d'obscur dans ma confession, le fait d'avoir attendu pour tirer mon second coup de revolver. Pour le reste, c'était très bien, mais cela, il ne le comprenait pas.

J'allais lui dire qu'il avait tort de s'obstiner : ce dernier point n'avait pas tellement d'importance. Mais il m'a coupé et m'a exhorté une dernière fois, dressé de toute sa hauteur, en me demandant si je croyais en Dieu. J'ai répondu que non. Il s'est assis avec indignation. Il m'a dit que c'était impossible, que tous les hommes croyaient en Dieu, même ceux qui se détournaient de son visage. C'était là sa conviction et, s'il devait jamais en douter, sa vie n'aurait plus de sens. « Voulez-vous, s'est-il exclamé, que ma vie n'ait pas de sens ? » À mon avis, cela ne me regardait pas et je le lui ai dit. Mais à travers la table, il avançait déjà le Christ sous mes yeux et s'écriait d'une façon déraisonnable : « Moi, je suis chrétien. Je demande pardon de tes fautes à celui-là. Comment peux-tu ne pas croire qu'il a souffert pour toi ? » J'ai bien remarqué qu'il me tutoyait, mais j'en avais assez. La chaleur se faisait de plus en plus grande. Comme toujours, quand j'ai envie de me débarrasser de quelqu'un que j'écoute à peine, j'ai eu l'air d'approuver. À ma surprise, il a triomphé : « Tu vois, tu vois, disait-il. N'est-ce pas que tu crois et que tu vas te confier à lui ? » Évidemment, j'ai dit non une fois de plus. Il est retombé sur son fauteuil.

Il avait l'air très fatigué. Il est resté un moment silencieux pendant que la machine, qui n'avait pas cessé de suivre le dialogue, en prolongeait encore les dernières phrases. Ensuite, il m'a regardé attentivement et avec un peu de tristesse. Il a murmuré : « Je n'ai jamais vu d'âme aussi endurcie que la vôtre. Les criminels qui sont venus devant moi ont toujours pleuré devant cette image de la douleur. » J'allais répondre que c'était justement parce qu'il s'agissait de criminels. Mais j'ai pensé que moi aussi j'étais comme eux. C'était une idée à quoi je ne pouvais pas me faire. Le juge s'est alors levé, comme s'il me signifiait que l'interrogatoire était terminé. Il m'a seulement demandé du même air un peu las si je regrettais mon acte. J'ai réfléchi et j'ai dit que, plutôt que du regret véritable, j'éprouvais un certain ennui. J'ai eu l'impression qu'il ne me comprenait pas. Mais ce jour-là les choses ne sont pas allées plus loin.

Par la suite j'ai souvent revu le juge d'instruction. Seulement, j'étais accompagné de mon avocat à chaque fois. On se bornait à me faire préciser certains points de mes déclarations précédentes. Ou bien encore le juge discutait les charges avec mon avocat. Mais en vérité ils ne s'occupaient jamais de moi à ces moments-là. Peu à peu en tout cas, le ton des interrogatoires a changé. Il semblait que le juge ne s'intéressât plus à moi et qu'il eût classé mon cas en quelque sorte. Il ne m'a plus parlé de Dieu et je ne l'ai jamais revu dans l'excitation de ce premier jour. Le résultat, c'est que nos entretiens sont devenus plus cordiaux. Quelques questions, un peu de conversation avec mon avocat, les interrogatoires étaient finis. Mon affaire suivait son cours, selon l'expression même du juge. Quelquefois aussi, quand la conversation était d'ordre général, on m'y mêlait. Je commençais à respirer. Personne, en ces heures-là, n'était méchant avec moi. Tout était si naturel, si bien réglé et si sobrement joué que j'avais l'impression ridicule de «faire partie de la famille». Et au bout des onze mois qu'a duré cette instruction, je peux dire que je m'étonnais presque de m'être jamais réjoui d'autre chose que de ces rares instants où le juge me reconduisait à la porte de son cabinet en me frappant sur l'épaule et en me disant d'un air cordial : «C'est fini pour aujourd'hui, monsieur l'Antéchrist.» On me remettait alors entre les mains des gendarmes.

II

Il y a des choses dont je n'ai jamais aimé parler. Quand je suis
205   entré en prison, j'ai compris au bout de quelques jours que je
n'aimerais pas parler de cette partie de ma vie.

Plus tard, je n'ai plus trouvé d'importance à ces répugnances.
En réalité, je n'étais pas réellement en prison les premiers
jours : j'attendais vaguement quelque événement nouveau. C'est
210   seulement après la première et la seule visite de Marie que tout a
commencé. Du jour où j'ai reçu sa lettre (elle me disait qu'on ne
lui permettait plus de venir parce qu'elle n'était pas ma femme), de
ce jour-là, j'ai senti que j'étais chez moi dans ma cellule et que ma
vie s'y arrêtait. Le jour de mon arrestation, on m'a d'abord enfermé
215   dans une chambre où il y avait déjà plusieurs détenus, la plupart
des Arabes. Ils ont ri en me voyant. Puis ils m'ont demandé ce que
j'avais fait. J'ai dit que j'avais tué un Arabe et ils sont restés silencieux.
Mais un moment après, le soir est tombé. Ils m'ont expliqué
comment il fallait arranger la natte où je devais coucher. En roulant
220   une des extrémités, on pouvait en faire un traversin. Toute la nuit,
des punaises ont couru sur mon visage. Quelques jours après, on
m'a isolé dans une cellule où je couchais sur un bat-flanc de bois.
J'avais un baquet d'aisances et une cuvette de fer. La prison était
tout en haut de la ville et, par une petite fenêtre, je pouvais voir la
225   mer. C'est un jour que j'étais agrippé aux barreaux, mon visage
tendu vers la lumière, qu'un gardien est entré et m'a dit que j'avais
une visite. J'ai pensé que c'était Marie. C'était bien elle.

J'ai suivi pour aller au parloir un long corridor, puis un escalier et pour finir un autre couloir. Je suis entré dans une très grande salle éclairée par une vaste baie. La salle était séparée en trois parties par deux grandes grilles qui la coupaient dans sa longueur. Entre les deux grilles se trouvait un espace de huit à dix mètres qui séparait les visiteurs des prisonniers. J'ai aperçu Marie en face de moi avec sa robe à raies et son visage bruni. De mon côté, il y avait une dizaine de détenus, des Arabes pour la plupart. Marie était entourée de Mauresques et se trouvait entre deux visiteuses : une petite vieille aux lèvres serrées, habillée de noir, et une grosse femme en cheveux qui parlait très fort avec beaucoup de gestes. À cause de la distance entre les grilles, les visiteurs et les prisonniers étaient obligés de parler très haut. Quand je suis entré, le bruit des voix qui rebondissaient contre les grands murs nus de la salle, la lumière crue qui coulait du ciel sur les vitres et rejaillissait dans la salle, me causèrent une sorte d'étourdissement. Ma cellule était plus calme et plus sombre. Il m'a fallu quelques secondes pour m'adapter. Pourtant, j'ai fini par voir chaque visage avec netteté, détaché dans le plein jour. J'ai observé qu'un gardien se tenait assis à l'extrémité du couloir entre les deux grilles. La plupart des prisonniers arabes ainsi que leurs familles s'étaient accroupis en vis-à-vis. Ceux-là ne criaient pas. Malgré le tumulte, ils parvenaient à s'entendre en parlant très bas. Leur murmure sourd, parti de plus bas, formait comme une basse continue aux conversations qui s'entrecroisaient au-dessus de leurs têtes. Tout cela, je l'ai remarqué très vite en m'avançant vers Marie. Déjà collée contre la grille, elle me souriait de toutes ses forces. Je l'ai trouvée très belle, mais je n'ai pas su le lui dire.

« Alors ? m'a-t-elle dit très haut. – Alors, voilà. – Tu es bien, tu as tout ce que tu veux ? – Oui, tout. »

Nous nous sommes tus et Marie souriait toujours. La grosse femme hurlait vers mon voisin, son mari sans doute, un grand type blond au regard franc. C'était la suite d'une conversation déjà commencée.

105

«Jeanne n'a pas voulu le prendre, criait-elle à tue-tête. – Oui, oui, disait l'homme. – Je lui ai dit que tu le reprendrais en sortant, mais elle n'a pas voulu le prendre.»

Marie a crié de son côté que Raymond me donnait le bonjour et j'ai dit: «Merci.» Mais ma voix a été couverte par mon voisin qui a demandé «s'il allait bien». Sa femme a ri en disant «qu'il ne s'était jamais mieux porté». Mon voisin de gauche, un petit jeune homme aux mains fines, ne disait rien. J'ai remarqué qu'il était en face de la petite vieille et que tous les deux se regardaient avec intensité. Mais je n'ai pas eu le temps de les observer plus longtemps parce que Marie m'a crié qu'il fallait espérer. J'ai dit: «Oui.» En même temps, je la regardais et j'avais envie de serrer son épaule par-dessus sa robe. J'avais envie de ce tissu fin et je ne savais pas très bien ce qu'il fallait espérer en dehors de lui. Mais c'était bien sans doute ce que Marie voulait dire parce qu'elle souriait toujours. Je ne voyais plus que l'éclat de ses dents et les petits plis de ses yeux. Elle a crié de nouveau: «Tu sortiras et on se mariera!» J'ai répondu: «Tu crois?» mais c'était surtout pour dire quelque chose. Elle a dit alors très vite et toujours très haut que oui, que je serais acquitté et qu'on prendrait encore des bains. Mais l'autre femme hurlait de son côté et disait qu'elle avait laissé un panier au greffe. Elle énumérait tout ce qu'elle y avait mis. Il fallait vérifier, car tout cela coûtait cher. Mon autre voisin et sa mère se regardaient toujours. Le murmure des Arabes continuait au-dessous de nous. Dehors la lumière a semblé se gonfler contre la baie.

Je me sentais un peu malade et j'aurais voulu partir. Le bruit me faisait mal. Mais d'un autre côté, je voulais profiter encore de la présence de Marie. Je ne sais pas combien de temps a passé. Marie m'a parlé de son travail et elle souriait sans arrêt. Le murmure, les cris, les conversations se croisaient. Le seul îlot de silence était à côté de moi dans ce petit jeune homme et cette vieille qui se regardaient. Peu à peu, on a emmené les Arabes.

Presque tout le monde s'est tu dès que le premier est sorti. La petite vieille s'est rapprochée des barreaux et, au même moment, un gardien a fait signe à son fils. Il a dit : « Au revoir, maman » et elle a passé sa main entre deux barreaux pour lui faire un petit signe lent et prolongé.

Elle est partie pendant qu'un homme entrait, le chapeau à la main, et prenait sa place. On a introduit un prisonnier et ils se sont parlé avec animation, mais à demi-voix, parce que la pièce était redevenue silencieuse. On est venu chercher mon voisin de droite et sa femme lui a dit sans baisser le ton comme si elle n'avait pas remarqué qu'il n'était plus nécessaire de crier : « Soigne-toi bien et fais attention. » Puis est venu mon tour. Marie a fait signe qu'elle m'embrassait. Je me suis retourné avant de disparaître. Elle était immobile, le visage écrasé contre la grille, avec le même sourire écartelé et crispé.

C'est peu après qu'elle m'a écrit. Et c'est à partir de ce moment qu'ont commencé les choses dont je n'ai jamais aimé parler. De toute façon, il ne faut rien exagérer et cela m'a été plus facile qu'à d'autres. Au début de ma détention, pourtant, ce qui a été le plus dur, c'est que j'avais des pensées d'homme libre. Par exemple, l'envie me prenait d'être sur une plage et de descendre vers la mer. À imaginer le bruit des premières vagues sous la plante de mes pieds, l'entrée du corps dans l'eau et la délivrance que j'y trouvais, je sentais tout d'un coup combien les murs de ma prison étaient rapprochés. Mais cela dura quelques mois. Ensuite, je n'avais que des pensées de prisonnier. J'attendais la promenade quotidienne que je faisais dans la cour ou la visite de mon avocat. Je m'arrangeais très bien avec le reste de mon temps. J'ai souvent pensé alors que si l'on m'avait fait vivre dans un tronc d'arbre sec, sans autre occupation que de regarder la fleur du ciel au-dessus de ma tête, je m'y serais peu à peu habitué. J'aurais attendu des passages d'oiseaux ou des rencontres de nuages comme j'attendais ici les curieuses cravates de mon avocat et comme, dans un autre monde, je patientais jusqu'au samedi pour étreindre le corps de Marie. Or, à bien réfléchir, je n'étais pas dans un arbre sec. Il y avait plus malheureux que moi. C'était d'ailleurs une idée de maman, et elle le répétait souvent, qu'on finissait par s'habituer à tout.

Du reste, je n'allais pas si loin d'ordinaire. Les premiers mois ont été durs. Mais justement l'effort que j'ai dû faire aidait à les passer. Par exemple, j'étais tourmenté par le désir d'une femme. C'était naturel, j'étais jeune. Je ne pensais jamais à Marie particulièrement. Mais je pensais tellement à une femme, aux femmes, à toutes celles que j'avais connues, à toutes les circonstances où je les avais aimées, que ma cellule s'emplissait de tous les visages et se peuplait de mes désirs. Dans un sens, cela me déséquilibrait. Mais dans un autre, cela tuait le temps. J'avais fini par gagner la sympathie du gardien-chef qui accompagnait à l'heure des repas le garçon de cuisine. C'est lui qui, d'abord, m'a parlé des femmes. Il m'a dit que c'était la première chose dont se plaignaient les autres. Je lui ai dit que j'étais comme eux et que je trouvais ce traitement injuste. «Mais, a-t-il dit, c'est justement pour ça qu'on vous met en prison. – Comment, pour ça? – Mais oui, la liberté, c'est ça. On vous prive de la liberté.» Je n'avais jamais pensé à cela. Je l'ai approuvé: «C'est vrai, lui ai-je dit, où serait la punition? – Oui, vous comprenez les choses, vous. Les autres non. Mais ils finissent par se soulager eux-mêmes.» Le gardien est parti ensuite.

Il y a eu aussi les cigarettes. Quand je suis entré en prison, on m'a pris ma ceinture, mes cordons de souliers, ma cravate et tout ce que je portais dans mes poches, mes cigarettes en particulier. Une fois en cellule, j'ai demandé qu'on me les rende. Mais on m'a dit que c'était défendu. Les premiers jours ont été très durs. C'est peut-être cela qui m'a le plus abattu. Je suçais des morceaux de bois que j'arrachais de la planche de mon lit. Je promenais toute la journée une nausée perpétuelle. Je ne comprenais pas

360 pourquoi on me privait de cela qui ne faisait de mal à personne. Plus tard, j'ai compris que cela faisait partie aussi de la punition. Mais à ce moment-là, je m'étais habitué à ne plus fumer et cette punition n'en était plus une pour moi.

À part ces ennuis, je n'étais pas trop malheureux. Toute la
365 question, encore une fois, était de tuer le temps. J'ai fini par ne plus m'ennuyer du tout à partir de l'instant où j'ai appris à me souvenir. Je me mettais quelquefois à penser à ma chambre et, en imagination, je partais d'un coin pour y revenir en dénombrant mentalement tout ce qui se trouvait sur mon chemin. Au début,
370 c'était vite fait. Mais chaque fois que je recommençais, c'était un peu plus long. Car je me souvenais de chaque meuble, et, pour chacun d'entre eux, de chaque objet qui s'y trouvait et, pour chaque objet, de tous les détails et pour les détails eux-mêmes, une incrustation, une fêlure ou un bord ébréché, de leur couleur
375 ou de leur grain. En même temps, j'essayais de ne pas perdre le fil de mon inventaire, de faire une énumération complète. Si bien qu'au bout de quelques semaines, je pouvais passer des heures, rien qu'à dénombrer ce qui se trouvait dans ma chambre. Ainsi, plus je réfléchissais et plus de choses méconnues et oubliées je
380 sortais de ma mémoire. J'ai compris alors qu'un homme qui n'aurait vécu qu'un seul jour pourrait sans peine vivre cent ans dans une prison. Il aurait assez de souvenirs pour ne pas s'ennuyer. Dans un sens, c'était un avantage.

Il y avait aussi le sommeil. Au début, je dormais mal la nuit et
385 pas du tout le jour. Peu à peu, mes nuits ont été meilleures et j'ai pu dormir aussi le jour. Je peux dire que, dans les derniers mois, je dormais de seize à dix-huit heures par jour. Il me restait alors six heures à tuer avec les repas, les besoins naturels, mes souvenirs et l'histoire du Tchécoslovaque.

390 Entre ma paillasse et la planche du lit, j'avais trouvé, en effet, un vieux morceau de journal presque collé à l'étoffe, jauni et transparent. Il relatait un fait divers dont le début manquait, mais

qui avait dû se passer en Tchécoslovaquie. Un homme était parti d'un village tchèque pour faire fortune. Au bout de vingt-cinq ans, riche, il était revenu avec une femme et un enfant. Sa mère tenait un hôtel avec sa sœur dans son village natal. Pour les surprendre, il avait laissé sa femme et son enfant dans un autre établissement, était allé chez sa mère qui ne l'avait pas reconnu quand il était entré. Par plaisanterie, il avait eu l'idée de prendre une chambre. Il avait montré son argent. Dans la nuit, sa mère et sa sœur l'avaient assassiné à coups de marteau pour le voler et avaient jeté son corps dans la rivière. Le matin, la femme était venue, avait révélé sans le savoir l'identité du voyageur. La mère s'était pendue. La sœur s'était jetée dans un puits. J'ai dû lire cette histoire des milliers de fois. D'un côté, elle était invraisemblable. D'un autre, elle était naturelle. De toute façon, je trouvais que le voyageur l'avait un peu mérité et qu'il ne faut jamais jouer.

Ainsi, avec les heures de sommeil, les souvenirs, la lecture de mon fait divers et l'alternance de la lumière et de l'ombre, le temps a passé. J'avais bien lu qu'on finissait par perdre la notion du temps en prison. Mais cela n'avait pas beaucoup de sens pour moi. Je n'avais pas compris à quel point les jours pouvaient être à la fois longs et courts. Longs à vivre sans doute, mais tellement distendus qu'ils finissaient par déborder les uns sur les autres. Ils y perdaient leur nom. Les mots hier ou demain étaient les seuls qui gardaient un sens pour moi.

Lorsqu'un jour, le gardien m'a dit que j'étais là depuis cinq mois, je l'ai cru, mais je ne l'ai pas compris. Pour moi, c'était sans cesse le même jour qui déferlait dans ma cellule et la même tâche que je poursuivais. Ce jour-là, après le départ du gardien, je me suis regardé dans ma gamelle de fer. Il m'a semblé que mon image restait sérieuse alors même que j'essayais de lui sourire. Je l'ai agitée devant moi. J'ai souri et elle a gardé le même air sévère et triste. Le jour finissait et c'était l'heure dont je ne veux pas parler, l'heure sans nom, où les bruits du soir montaient de tous les étages de la prison dans un cortège de silence. Je me suis approché de la lucarne[1] et, dans la dernière lumière, j'ai contemplé une fois de plus mon image. Elle était toujours sérieuse, et quoi d'étonnant puisque, à ce moment, je l'étais aussi ? Mais en même temps et pour la première fois depuis des mois, j'ai entendu distinctement le son de ma voix. Je l'ai reconnue pour celle qui résonnait déjà depuis de longs jours à mes oreilles et j'ai compris que pendant tout ce temps j'avais parlé seul. Je me suis souvenu alors de ce que disait l'infirmière à l'enterrement de maman. Non, il n'y avait pas d'issue et personne ne peut imaginer ce que sont les soirs dans les prisons.

III

Je peux dire qu'au fond l'été a très vite remplacé l'été. Je savais qu'avec la montée des premières chaleurs surviendrait quelque chose de nouveau pour moi. Mon affaire était inscrite à la dernière session de la cour d'assises et cette session se terminerait avec le mois de juin. Les débats se sont ouverts avec, au-dehors, tout le plein du soleil. Mon avocat m'avait assuré qu'ils ne dureraient pas plus de deux ou trois jours. «D'ailleurs, avait-il ajouté, la cour sera pressée parce que votre affaire n'est pas la plus importante de la session. Il y a un parricide[2] qui passera tout de suite après.»

notes ....

1. lucarne : petite fenêtre ou ouverture pratiquée dans un mur.	**2. parricide** : acte d'assassiner son père, et, par extension, celui qui accomplit cet acte.

À sept heures et demie du matin, on est venu me chercher et la voiture cellulaire m'a conduit au palais de justice. Les deux gendarmes m'ont fait entrer dans une petite pièce qui sentait
450 l'ombre. Nous avons attendu, assis près d'une porte derrière laquelle on entendait des voix, des appels, des bruits de chaises et tout un remue-ménage qui m'a fait penser à ces fêtes de quartier où, après le concert, on range la salle pour pouvoir danser. Les gendarmes m'ont dit qu'il fallait attendre la cour et l'un d'eux
455 m'a offert une cigarette que j'ai refusée. Il m'a demandé peu après « si j'avais le trac ». J'ai répondu que non. Et même, dans un sens, cela m'intéressait de voir un procès. Je n'en avais jamais eu l'occasion dans ma vie : « Oui, a dit le second gendarme, mais cela finit par fatiguer. »
460 Après un peu de temps, une petite sonnerie a résonné dans la pièce. Ils m'ont alors ôté les menottes. Ils ont ouvert la porte et m'ont fait entrer dans le box des accusés. La salle était pleine à craquer. Malgré les stores, le soleil s'infiltrait par endroits et l'air était déjà étouffant. On avait laissé les vitres closes. Je me suis assis
465 et les gendarmes m'ont encadré. C'est à ce moment que j'ai aperçu une rangée de visages devant moi. Tous me regardaient : j'ai compris que c'étaient les jurés. Mais je ne peux pas dire ce qui les distinguait les uns des autres. Je n'ai eu qu'une impression : j'étais devant une banquette de tramway et tous ces voyageurs anonymes
470 épiaient le nouvel arrivant pour en apercevoir les ridicules. Je sais bien que c'était une idée niaise puisque ici ce n'était pas le ridicule qu'ils cherchaient, mais le crime. Cependant la différence n'est pas grande et c'est en tout cas l'idée qui m'est venue.

J'étais un peu étourdi aussi par tout ce monde dans cette salle
475 close. J'ai regardé encore le prétoire[1] et je n'ai distingué aucun visage. Je crois bien que d'abord je ne m'étais pas rendu compte

note ....

| **1. prétoire :** salle d'audience d'un tribunal.

que tout le monde se pressait pour me voir. D'habitude, les gens ne s'occupaient pas de ma personne. Il m'a fallu un effort pour comprendre que j'étais la cause de toute cette agitation. J'ai dit au
480 gendarme : « Que de monde ! » Il m'a répondu que c'était à cause des journaux et il m'a montré un groupe qui se tenait près d'une table sous le banc des jurés. Il m'a dit : « Les voilà. » J'ai demandé : « Qui ? » et il a répété : « Les journaux. » Il connaissait l'un des journalistes qui l'a vu à ce moment et qui s'est dirigé vers nous.
485 C'était un homme déjà âgé, sympathique, avec un visage un peu grimaçant. Il a serré la main du gendarme avec beaucoup de chaleur. J'ai remarqué à ce moment que tout le monde se rencontrait, s'interpellait et conversait, comme dans un club où l'on est heureux de se retrouver entre gens du même monde. Je
490 me suis expliqué aussi la bizarre impression que j'avais d'être de trop, un peu comme un intrus. Pourtant, le journaliste s'est adressé à moi en souriant. Il m'a dit qu'il espérait que tout irait bien pour moi. Je l'ai remercié et il a ajouté : « Vous savez, nous avons monté un peu votre affaire. L'été, c'est la saison creuse pour les journaux.
495 Et il n'y avait que votre histoire et celle du parricide qui vaillent quelque chose. » Il m'a montré ensuite, dans le groupe qu'il venait de quitter, un petit bonhomme qui ressemblait à une belette engraissée, avec d'énormes lunettes cerclées de noir. Il m'a dit que c'était l'envoyé spécial d'un journal de Paris : « Il n'est pas
500 venu pour vous, d'ailleurs. Mais comme il est chargé de rendre compte du procès du parricide, on lui a demandé de câbler votre affaire en même temps. » Là encore, j'ai failli le remercier. Mais j'ai pensé que ce serait ridicule. Il m'a fait un petit signe cordial de la main et nous a quittés. Nous avons encore attendu quelques
505 minutes.

Mon avocat est arrivé, en robe, entouré de beaucoup d'autres confrères. Il est allé vers les journalistes, a serré des mains. Ils ont plaisanté, ri et ils avaient l'air tout à fait à leur aise, jusqu'au moment où la sonnerie a retenti dans le prétoire. Tout le monde

510 a regagné sa place. Mon avocat est venu vers moi, m'a serré la main et m'a conseillé de répondre brièvement aux questions qu'on me poserait, de ne pas prendre d'initiatives et de me reposer sur lui pour le reste.

À ma gauche, j'ai entendu le bruit d'une chaise qu'on reculait 515 et j'ai vu un grand homme mince, vêtu de rouge, portant lorgnon, qui s'asseyait en pliant sa robe avec soin. C'était le procureur[1]. Un huissier[2] a annoncé la cour. Au même moment, deux gros ventilateurs ont commencé de vrombir. Trois juges, deux en noir, le troisième en rouge, sont entrés avec des dossiers et ont marché 520 très vite vers la tribune qui dominait la salle. L'homme en robe rouge s'est assis sur le fauteuil du milieu, a posé sa toque[3] devant lui, essuyé son petit crâne chauve avec un mouchoir et déclaré que l'audience était ouverte.

Les journalistes tenaient déjà leur stylo en main. Ils avaient tous 525 le même air indifférent et un peu narquois. Pourtant, l'un d'entre eux, beaucoup plus jeune, habillé en flanelle grise avec une cravate bleue, avait laissée son stylo devant lui et me regardait. Dans son visage un peu asymétrique, je ne voyais que ses deux yeux, très clairs, qui m'examinaient attentivement, sans rien 530 exprimer qui fût définissable. Et j'ai eu l'impression bizarre d'être regardé par moi-même. C'est peut-être pour cela, et aussi parce que je ne connaissais pas les usages du lieu, que je n'ai pas très bien compris tout ce qui s'est passé ensuite, le tirage au sort des jurés, les questions posées par le président[4] à l'avocat, au procureur 535 et au jury (à chaque fois, toutes les têtes des jurés se retournaient en même temps vers la cour), une lecture rapide de l'acte d'accusation, où je reconnaissais des noms de lieux et de personnes, et de nouvelles questions à mon avocat.

notes

1. **procureur**: avocat chargé de l'accusation.
2. **huissier**: celui qui introduit les témoins.
3. **toque**: couvre-chef de magistrat.
4. **président**: juge responsable du procès.

Mais le président a dit qu'il allait faire procéder à l'appel des témoins. L'huissier a lu des noms qui ont attiré mon attention. Du sein de ce public tout à l'heure informe, j'ai vu se lever un à un, pour disparaître ensuite par une porte latérale, le directeur et le concierge de l'asile, le vieux Thomas Pérez, Raymond, Masson, Salamano, Marie. Celle-ci m'a fait un petit signe anxieux. Je m'étonnais encore de ne pas les avoir aperçus plus tôt, lorsque à l'appel de son nom, le dernier, Céleste, s'est levé. J'ai reconnu à côté de lui la petite bonne femme du restaurant, avec sa jaquette et son air précis et décidé. Elle me regardait avec intensité. Mais je n'ai pas eu le temps de réfléchir parce que le président a pris la parole. Il a dit que les véritables débats allaient commencer et qu'il croyait inutile de recommander au public d'être calme. Selon lui, il était là pour diriger avec impartialité les débats d'une affaire qu'il voulait considérer avec objectivité. La sentence rendue par le jury serait prise dans un esprit de justice et, dans tous les cas, il ferait évacuer la salle au moindre incident.

La chaleur montait et je voyais dans la salle les assistants s'éventer avec des journaux. Cela faisait un petit bruit continu de papier froissé. Le président a fait un signe et l'huissier a apporté trois éventails de paille tressée que les trois juges ont utilisés immédiatement.

Mon interrogatoire a commencé aussitôt. Le président m'a questionné avec calme et même, m'a-t-il semblé, avec une nuance de cordialité. On m'a encore fait décliner mon identité et malgré mon agacement, j'ai pensé qu'au fond c'était assez naturel, parce qu'il serait trop grave de juger un homme pour un autre. Puis le président a recommencé le récit de ce que j'avais fait, en s'adressant à moi toutes les trois phrases pour me demander : « Est-ce bien cela ? » À chaque fois, j'ai répondu : « Oui, monsieur le Président », selon les instructions de mon avocat. Cela a été long parce que le président apportait beaucoup de minutie dans son récit. Pendant tout ce temps, les journalistes écrivaient. Je sentais

les regards du plus jeune d'entre eux et de la petite automate. La banquette de tramway était tout entière tournée vers le président. Celui-ci a toussé, feuilleté son dossier et il s'est tourné vers moi
575 en s'éventant.

Il m'a dit qu'il devait aborder maintenant des questions apparemment étrangères à mon affaire, mais qui peut-être la touchaient de fort près. J'ai compris qu'il allait encore parler de maman et j'ai senti en même temps combien cela m'ennuyait. Il
580 m'a demandé pourquoi j'avais mis maman à l'asile. J'ai répondu que c'était parce que je manquais d'argent pour la faire garder et soigner. Il m'a demandé si cela m'avait coûté personnellement et j'ai répondu que ni maman ni moi n'attendions plus rien l'un de l'autre, ni d'ailleurs de personne, et que nous nous étions habitués
585 tous les deux à nos vies nouvelles. Le président a dit alors qu'il ne voulait pas insister sur ce point et il a demandé au procureur s'il ne voyait pas d'autre question à me poser.

Celui-ci me tournait à demi le dos et, sans me regarder, il a déclaré qu'avec l'autorisation du président il aimerait savoir si
590 j'étais retourné vers la source tout seul avec l'intention de tuer l'Arabe. « Non », ai-je dit. « Alors, pourquoi était-il armé et pourquoi revenir vers cet endroit précisément ? » J'ai dit que c'était le hasard. Et le procureur a noté avec un accent mauvais : « Ce sera tout pour le moment. » Tout ensuite a été un peu confus, du moins pour
595 moi. Mais après quelques conciliabules, le président a déclaré que l'audience était levée et renvoyée à l'après-midi pour l'audition des témoins.

Je n'ai pas eu le temps de réfléchir. On m'a emmené, fait monter dans la voiture cellulaire et conduit à la prison où j'ai
600 mangé. Au bout de très peu de temps, juste assez pour me rendre compte que j'étais fatigué, on est revenu me chercher ; tout a recommencé et je me suis trouvé dans la même salle, devant les mêmes visages. Seulement la chaleur était beaucoup plus forte et comme par un miracle chacun des jurés, le procureur, mon

605 avocat et quelques journalistes étaient munis aussi d'éventails de paille. Le jeune journaliste et la petite femme étaient toujours là. Mais ils ne s'éventaient pas et me regardaient encore sans rien dire.

J'ai essuyé la sueur qui couvrait mon visage et je n'ai repris un peu conscience du lieu et de moi-même que lorsque j'ai entendu
610 appeler le directeur de l'asile. On lui a demandé si maman se plaignait de moi et il a dit que oui mais que c'était un peu la manie de ses pensionnaires de se plaindre de leurs proches. Le président lui a fait préciser si elle me reprochait de l'avoir mise à l'asile et le directeur a dit encore oui. Mais cette fois, il n'a rien
615 ajouté. À une autre question, il a répondu qu'il avait été surpris de mon calme le jour de l'enterrement. On lui a demandé ce qu'il entendait par calme. Le directeur a regardé alors le bout de ses souliers et il a dit que je n'avais pas voulu voir maman, je n'avais pas pleuré une seule fois et j'étais parti aussitôt après l'enterrement
620 sans me recueillir sur sa tombe. Une chose encore l'avait surpris : un employé des pompes funèbres lui avait dit que je ne savais pas l'âge de maman. Il y a eu un moment de silence et le président lui a demandé si c'était bien de moi qu'il avait parlé. Comme le directeur ne comprenait pas la question, il lui a dit : « C'est la loi. »
625 Puis le président a demandé à l'avocat général s'il n'avait pas de question à poser au témoin et le procureur s'est écrié : « Oh ! non, cela suffit », avec un tel éclat et un tel regard triomphant dans ma direction que, pour la première fois depuis bien des années, j'ai eu une envie stupide de pleurer parce que j'ai senti combien j'étais
630 détesté par tous ces gens-là.

Après avoir demandé au jury et à mon avocat s'ils avaient des questions à poser, le président a entendu le concierge. Pour lui comme pour tous les autres, le même cérémonial s'est répété. En arrivant, le concierge m'a regardé et il a détourné les yeux. Il a
635 répondu aux questions qu'on lui posait. Il a dit que je n'avais pas voulu voir maman, que j'avais fumé, que j'avais dormi et que j'avais pris du café au lait. J'ai senti alors quelque chose qui soulevait toute

la salle et, pour la première fois, j'ai compris que j'étais coupable. On a fait répéter au concierge l'histoire du café au lait et celle de la cigarette. L'avocat général m'a regardé avec une lueur ironique dans les yeux. À ce moment, mon avocat a demandé au concierge s'il n'avait pas fumé avec moi. Mais le procureur s'est élevé avec violence contre cette question : « Quel est le criminel ici et quelles sont ces méthodes qui consistent à salir les témoins de l'accusation pour minimiser des témoignages qui n'en demeurent pas moins écrasants ! » Malgré tout, le président a demandé au concierge de répondre à la question. Le vieux a dit d'un air embarrassé : « Je sais bien que j'ai eu tort. Mais je n'ai pas osé refuser la cigarette que Monsieur m'a offerte. » En dernier lieu, on m'a demandé si je n'avais rien à ajouter. « Rien, ai-je répondu, seulement que le témoin a raison. Il est vrai que je lui ai offert une cigarette. » Le concierge m'a regardé alors avec un peu d'étonnement et une sorte de gratitude. Il a hésité, puis il a dit que c'était lui qui m'avait offert le café au lait. Mon avocat a triomphé bruyamment et a déclaré que les jurés apprécieraient. Mais le procureur a tonné au-dessus de nos têtes et il a dit : « Oui, MM. les jurés apprécieront. Et ils concluront qu'un étranger pouvait proposer du café, mais qu'un fils devait le refuser devant le corps de celle qui lui avait donné le jour. » Le concierge a regagné son banc.

Quand est venu le tour de Thomas Pérez, un huissier a dû le soutenir jusqu'à la barre. Pérez a dit qu'il avait surtout connu ma mère et qu'il ne m'avait vu qu'une fois, le jour de l'enterrement. On lui a demandé ce que j'avais fait ce jour-là et il a répondu : « Vous comprenez, moi-même j'avais trop de peine. Alors, je n'ai rien vu. C'était la peine qui m'empêchait de voir. Parce que c'était pour moi une très grosse peine. Et même, je me suis évanoui. Alors, je n'ai pas pu voir Monsieur. » L'avocat général lui a demandé si, du moins, il m'avait vu pleurer. Pérez a répondu que non. Le procureur a dit alors à son tour : « MM. les jurés apprécieront. » Mais mon avocat s'est fâché. Il a demandé à Pérez, sur un ton qui m'a semblé exagéré, « s'il avait vu que je ne pleurais pas ». Pérez a dit : « Non. » Le public a ri. Et mon avocat, en retroussant une de ses manches, a dit d'un ton péremptoire : « Voilà l'image de ce procès. Tout est vrai et rien n'est vrai ! » Le procureur avait le visage fermé et piquait un crayon dans les titres de ses dossiers.

Après cinq minutes de suspension pendant lesquelles mon avocat m'a dit que tout allait pour le mieux, on a entendu Céleste qui était cité par la défense. La défense, c'était moi. Céleste jetait de temps en temps des regards de mon côté et roulait un panama entre ses mains. Il portait le costume neuf qu'il mettait pour venir avec moi, certains dimanches, aux courses de chevaux. Mais je crois qu'il n'avait pas pu mettre son col parce qu'il portait seulement un bouton de cuivre pour tenir sa chemise fermée. On lui a demandé si j'étais son client et il a dit : « Oui, mais c'était aussi un ami » ; ce qu'il pensait de moi et il a répondu que j'étais un homme ; ce qu'il entendait par là et il a déclaré que tout le monde savait ce que cela voulait dire, s'il avait remarqué que j'étais renfermé et il a reconnu seulement que je ne parlais pas pour ne rien dire. L'avocat général lui a demandé si je payais régulièrement ma pension. Céleste a ri et il a déclaré : « C'étaient des détails entre nous. » On lui a demandé encore ce qu'il pensait de mon crime. Il a mis alors ses mains sur la barre et l'on voyait qu'il avait préparé quelque chose. Il a dit : « Pour moi, c'est un malheur. Un malheur, tout le monde sait ce que c'est. Ça vous laisse sans défense. Eh bien ! pour moi c'est un malheur. » Il allait continuer, mais le président lui a dit que c'était bien et qu'on le remerciait. Alors Céleste est resté un peu interdit. Mais il a déclaré qu'il voulait encore parler. On lui a demandé d'être bref. Il a encore répété que c'était un malheur. Et le président lui a dit : « Oui, c'est entendu. Mais nous sommes là pour juger les malheurs de ce genre. Nous vous remercions. » Comme s'il était arrivé au bout de sa science et de sa bonne volonté, Céleste s'est alors

retourné vers moi. Il m'a semblé que ses yeux brillaient et que ses
lèvres tremblaient. Il avait l'air de me demander ce qu'il pouvait
encore faire. Moi, je n'ai rien dit, je n'ai fait aucun geste, mais
c'est la première fois de ma vie que j'ai eu envie d'embrasser un
homme. Le président lui a encore enjoint de quitter la barre.
Céleste est allé s'asseoir dans le prétoire. Pendant tout le reste de
l'audience, il est resté là, un peu penché en avant, les coudes sur
les genoux, le panama entre les mains, à écouter tout ce qui se
disait. Marie est entrée. Elle avait mis un chapeau et elle était
encore belle. Mais je l'aimais mieux avec ses cheveux libres. De
l'endroit où j'étais, je devinais le poids léger de ses seins et je
reconnaissais sa lèvre inférieure toujours un peu gonflée. Elle
semblait très nerveuse. Tout de suite, on lui a demandé depuis
quand elle me connaissait. Elle a indiqué l'époque où elle
travaillait chez nous. Le président a voulu savoir quels étaient ses
rapports avec moi. Elle a dit qu'elle était mon amie. À une autre
question, elle a répondu qu'il était vrai qu'elle devait m'épouser.
Le procureur qui feuilletait un dossier lui a demandé brusquement de quand datait notre liaison. Elle a indiqué la date. Le
procureur a remarqué d'un air indifférent qu'il lui semblait que
c'était le lendemain de la mort de maman. Puis il a dit avec
quelque ironie qu'il ne voudrait pas insister sur une situation
délicate, qu'il comprenait bien les scrupules de Marie, mais (et ici
son accent s'est fait plus dur) que son devoir lui commandait de
s'élever au-dessus des convenances. Il a donc demandé à Marie de
résumer cette journée où je l'avais connue. Marie ne voulait pas
parler, mais devant l'insistance du procureur, elle a dit notre bain,
notre sortie au cinéma et notre rentrée chez moi. L'avocat général
a dit qu'à la suite des déclarations de Marie à l'instruction, il avait
consulté les programmes de cette date. Il a ajouté que Marie
elle-même dirait quel film on passait alors. D'une voix presque
blanche, en effet, elle a indiqué que c'était un film de Fernandel.
Le silence était complet dans la salle quand elle a eu fini. Le

procureur s'est alors levé, très grave et d'une voix que j'ai trouvée vraiment émue, le doigt tendu vers moi, il a articulé lentement : « Messieurs les jurés, le lendemain de la mort de sa mère, cet homme prenait des bains, commençait une liaison irrégulière, et allait rire devant un film comique. Je n'ai rien de plus à vous dire. » Il s'est assis, toujours dans le silence. Mais, tout d'un coup, Marie a éclaté en sanglots, a dit que ce n'était pas cela, qu'il y avait autre chose, qu'on la forçait à dire le contraire de ce qu'elle pensait, qu'elle me connaissait bien et que je n'avais rien fait de mal. Mais l'huissier, sur un signe du président, l'a emmenée et l'audience s'est poursuivie.

C'est à peine si, ensuite, on a écouté Masson qui a déclaré que j'étais un honnête homme « et qu'il dirait plus, j'étais un brave homme ». C'est à peine encore si on a écouté Salamano quand il a rappelé que j'avais été bon pour son chien et quand il a répondu à une question sur ma mère et sur moi en disant que je n'avais plus rien à dire à maman et que je l'avais mise pour cette raison à l'asile. « Il faut comprendre, disait Salamano, il faut comprendre. » Mais personne ne paraissait comprendre. On l'a emmené.

Puis est venu le tour de Raymond, qui était le dernier témoin. Raymond m'a fait un petit signe et a dit tout de suite que j'étais innocent. Mais le président a déclaré qu'on ne lui demandait pas des appréciations, mais des faits. Il l'a invité à attendre des questions pour répondre. On lui a fait préciser ses relations avec la victime. Raymond en a profité pour dire que c'était lui que cette dernière haïssait depuis qu'il avait giflé sa sœur. Le président lui a demandé cependant si la victime n'avait pas de raison de me haïr. Raymond a dit que ma présence à la plage était le résultat d'un hasard. Le procureur lui a demandé alors comment il se faisait que la lettre qui était à l'origine du drame avait été écrite par moi. Raymond a répondu que c'était un hasard. Le procureur a rétorqué que le hasard avait déjà beaucoup de méfaits sur la conscience dans cette

770 histoire. Il a voulu savoir si c'était par hasard que je n'étais pas
intervenu quand Raymond avait giflé sa maîtresse, par hasard que
j'avais servi de témoin au commissariat, par hasard encore que
mes déclarations lors de ce témoignage s'étaient révélées de
pure complaisance. Pour finir, il a demandé à Raymond quels

775 étaient ses moyens d'existence, et comme ce dernier répondait :
«Magasinier», l'avocat général a déclaré aux jurés que de notoriété
générale le témoin exerçait le métier de souteneur. J'étais son
complice et son ami. Il s'agissait d'un drame crapuleux de la plus
basse espèce, aggravé du fait qu'on avait affaire à un monstre

780 moral. Raymond a voulu se défendre et mon avocat a protesté,
mais on leur a dit qu'il fallait laisser terminer le procureur. Celui-
ci a dit : «J'ai peu de chose à ajouter. Était-il votre ami ?» a-t-il
demandé à Raymond. «Oui, a dit celui-ci, c'était mon copain.»
L'avocat général m'a posé alors la même question et j'ai regardé

785 Raymond qui n'a pas détourné les yeux. J'ai répondu : «Oui.» Le
procureur s'est alors retourné vers le jury et a déclaré : «Le même
homme qui au lendemain de la mort de sa mère se livrait à la
débauche la plus honteuse a tué pour des raisons futiles et pour
liquider une affaire de mœurs inqualifiable.»

790 Il s'est assis alors. Mais mon avocat, à bout de patience, s'est écrié
en levant les bras, de sorte que ses manches en retombant ont
découvert les plis d'une chemise amidonnée : «Enfin, est-il accusé
d'avoir enterré sa mère ou d'avoir tué un homme ?» Le public a
ri. Mais le procureur s'est redressé encore, s'est drapé dans sa robe

795 et a déclaré qu'il fallait avoir l'ingénuité de l'honorable défenseur
pour ne pas sentir qu'il y avait entre ces deux ordres de faits une
relation profonde, pathétique, essentielle. «Oui, s'est-il écrié avec
force, j'accuse cet homme d'avoir enterré une mère avec un cœur
de criminel.» Cette déclaration a paru faire un effet considérable

800 sur le public. Mon avocat a haussé les épaules et essuyé la sueur
qui couvrait son front. Mais lui-même paraissait ébranlé et j'ai
compris que les choses n'allaient pas bien pour moi.

L'audience a été levée. En sortant du palais de justice pour monter dans la voiture, j'ai reconnu un court instant l'odeur et la couleur du soir d'été. Dans l'obscurité de ma prison roulante, j'ai retrouvé un à un, comme du fond de ma fatigue, tous les bruits familiers d'une ville que j'aimais et d'une certaine heure où il m'arrivait de me sentir content. Le cri des vendeurs de journaux dans l'air déjà détendu, les derniers oiseaux dans le square, l'appel des marchands de sandwiches, la plainte des tramways dans les hauts tournants de la ville et cette rumeur du ciel avant que la nuit bascule sur le port, tout cela recomposait pour moi un itinéraire d'aveugle, que je connaissais bien avant d'entrer en prison. Oui, c'était l'heure où, il y avait bien longtemps, je me sentais content. Ce qui m'attendait alors, c'était toujours un sommeil léger et sans rêves. Et pourtant quelque chose était changé puisque, avec l'attente du lendemain, c'est ma cellule que j'ai retrouvée. Comme si les chemins familiers tracés dans les ciels d'été pouvaient mener aussi bien aux prisons qu'aux sommeils innocents.

IV

Même sur un banc d'accusé, il est toujours intéressant d'entendre parler de soi. Pendant les plaidoiries du procureur et de mon avocat, je peux dire qu'on a beaucoup parlé de moi et peut-être plus de moi que de mon crime. Étaient-elles si différentes, d'ailleurs, ces plaidoiries ? L'avocat levait les bras et plaidait coupable, mais avec excuses. Le procureur tendait ses mains et dénonçait la culpabilité, mais sans excuses. Une chose pourtant me gênait vaguement. Malgré mes préoccupations, j'étais parfois tenté d'intervenir et mon avocat me disait alors : « Taisez-vous, cela vaut mieux pour votre affaire. » En quelque sorte, on avait l'air de traiter cette affaire en dehors de moi. Tout se déroulait sans mon intervention. Mon sort se réglait sans qu'on prenne mon avis. De temps en temps, j'avais envie d'interrompre tout le monde et de dire : « Mais tout de même, qui est l'accusé ? C'est important d'être l'accusé. Et j'ai quelque chose à dire. » Mais réflexion faite, je n'avais rien à dire. D'ailleurs, je dois reconnaître que l'intérêt qu'on trouve à occuper les gens ne dure pas longtemps. Par exemple, la plaidoirie du procureur m'a très vite lassé. Ce sont seulement des fragments, des gestes ou des tirades entières, mais détachées de l'ensemble, qui m'ont frappé ou ont éveillé mon intérêt.

Le fond de sa pensée, si j'ai bien compris, c'est que j'avais prémédité mon crime. Du moins, il a essayé de le démontrer. Comme il le disait lui-même : « J'en ferai la preuve, messieurs, et je la ferai doublement. Sous l'aveuglante clarté des faits d'abord et ensuite dans l'éclairage sombre que me fournira la psychologie de cette âme criminelle. » Il a résumé les faits à partir de la mort de maman. Il a rappelé mon insensibilité, l'ignorance où j'étais de l'âge de maman, mon bain du lendemain, avec une femme, le cinéma, Fernandel et enfin la rentrée avec Marie. J'ai mis du temps à le comprendre, à ce moment, parce qu'il disait « sa maîtresse » et pour moi, elle était Marie. Ensuite, il en est venu à l'histoire de Raymond. J'ai trouvé que sa façon de voir les événements ne manquait pas de clarté. Ce qu'il disait était plausible. J'avais écrit la lettre d'accord avec Raymond pour attirer sa maîtresse et la livrer aux mauvais traitements d'un homme « de moralité douteuse ». J'avais provoqué sur la plage les adversaires de Raymond. Celui-ci avait été blessé. Je lui avais demandé son revolver. J'étais revenu seul pour m'en servir. J'avais abattu l'Arabe comme je le projetais. J'avais attendu. Et « pour être sûr que la besogne était bien faite »,

860 j'avais tiré encore quatre balles, posément, à coup sûr, d'une façon réfléchie en quelque sorte.

« Et voilà, messieurs, a dit l'avocat général. J'ai retracé devant vous le fil d'événements qui a conduit cet homme à tuer en pleine connaissance de cause. J'insiste là-dessus, a-t-il dit. Car il ne s'agit
865 pas d'un assassinat ordinaire, d'un acte irréfléchi que vous pourriez estimer atténué par les circonstances. Cet homme, messieurs, cet homme est intelligent. Vous l'avez entendu, n'est-ce pas ? Il sait répondre. Il connaît la valeur des mots. Et l'on ne peut pas dire qu'il a agi sans se rendre compte de ce qu'il faisait. »
870 Moi j'écoutais et j'entendais qu'on me jugeait intelligent. Mais je ne comprenais pas bien comment les qualités d'un homme ordinaire pouvaient devenir des charges écrasantes contre un coupable. Du moins, c'était cela qui me frappait et je n'ai plus écouté le procureur jusqu'au moment où je l'ai entendu dire :
875 « A-t-il seulement exprimé des regrets ? Jamais, messieurs. Pas une seule fois au cours de l'instruction cet homme n'a paru ému de son abominable forfait. » À ce moment, il s'est tourné vers moi et m'a désigné du doigt en continuant à m'accabler sans qu'en réalité je comprenne bien pourquoi. Sans doute, je ne pouvais pas
880 m'empêcher de reconnaître qu'il avait raison. Je ne regrettais pas beaucoup mon acte. Mais tant d'acharnement m'étonnait. J'aurais voulu essayer de lui expliquer cordialement, presque avec affection, que je n'avais jamais pu regretter vraiment quelque chose. J'étais toujours pris par ce qui allait arriver, par aujourd'hui ou par
885 demain. Mais naturellement, dans l'état où l'on m'avait mis, je ne pouvais parler à personne sur ce ton. Je n'avais pas le droit de me montrer affectueux, d'avoir de la bonne volonté. Et j'ai essayé d'écouter encore parce que le procureur s'est mis à parler de mon âme.
890 Il disait qu'il s'était penché sur elle et qu'il n'avait rien trouvé, messieurs les jurés. Il disait qu'à la vérité, je n'en avais point, d'âme, et que rien d'humain, et pas un des principes moraux qui gardent

le cœur des hommes ne m'était accessible. « Sans doute, ajoutait-il, nous ne saurions le lui reprocher. Ce qu'il ne saurait acquérir, nous ne pouvons nous plaindre qu'il en manque. Mais quand il s'agit de cette cour, la vertu toute négative de la tolérance doit se muer en celle, moins facile, mais plus élevée, de la justice. Surtout lorsque le vide du cœur tel qu'on le découvre chez cet homme devient un gouffre où la société peut succomber. » C'est alors qu'il a parlé de mon attitude envers maman. Il a répété ce qu'il avait dit pendant les débats. Mais il a été beaucoup plus long que lorsqu'il parlait de mon crime, si long même que, finalement, je n'ai plus senti que la chaleur de cette matinée. Jusqu'au moment, du moins, où l'avocat général s'est arrêté et, après un moment de silence, a repris d'une voix très basse et très pénétrée : « Cette même cour, messieurs, va juger demain le plus abominable des forfaits : le meurtre d'un père. » Selon lui, l'imagination reculait devant cet atroce attentat. Il osait espérer que la justice des hommes punirait sans faiblesse. Mais, il ne craignait pas de le dire, l'horreur que lui inspirait ce crime le cédait presque à celle qu'il ressentait devant mon insensibilité. Toujours selon lui, un homme qui tuait moralement sa mère se retranchait de la société des hommes au même titre que celui qui portait une main meurtrière sur l'auteur de ses jours. Dans tous les cas, le premier préparait les actes du second, il les annonçait en quelque sorte et il les légitimait. « J'en suis persuadé, messieurs, a-t-il ajouté en élevant la voix, vous ne trouverez pas ma pensée trop audacieuse, si je dis que l'homme qui est assis sur ce banc est coupable aussi du meurtre que cette cour devra juger demain. Il doit être puni en conséquence. » Ici, le procureur a essuyé son visage brillant de sueur. Il a dit enfin que son devoir était douloureux, mais qu'il l'accomplirait fermement. Il a déclaré que je n'avais rien à faire avec une société dont je méconnaissais les règles les plus essentielles et que je ne pouvais pas en appeler à ce cœur humain dont j'ignorais les réactions élémentaires. « Je vous demande la tête de cet homme, a-t-il dit, et c'est le cœur léger que je vous la demande. Car s'il m'est arrivé au cours de ma déjà longue carrière de réclamer des peines capitales, jamais autant qu'aujourd'hui, je n'ai senti ce pénible devoir compensé, balancé, éclairé par la conscience d'un commandement impérieux et sacré et par l'horreur que je ressens devant un visage d'homme où je ne lis rien que de monstrueux. »

Quand le procureur s'est rassis, il y a eu un moment de silence assez long. Moi, j'étais étourdi de chaleur et d'étonnement. Le président a toussé un peu et sur un ton très bas, il m'a demandé si je n'avais rien à ajouter. Je me suis levé et comme j'avais envie de parler, j'ai dit, un peu au hasard d'ailleurs, que je n'avais pas eu l'intention de tuer l'Arabe. Le président a répondu que c'était une affirmation, que jusqu'ici il saisissait mal mon système de défense et qu'il serait heureux, avant d'entendre mon avocat, de me faire préciser les motifs qui avaient inspiré mon acte. J'ai dit rapidement, en mêlant un peu les mots et en me rendant compte de mon ridicule, que c'était à cause du soleil. Il y a eu des rires dans la salle. Mon avocat a haussé les épaules et tout de suite après, on lui a donné la parole. Mais il a déclaré qu'il était tard, qu'il en avait pour plusieurs heures et qu'il demandait le renvoi à l'après-midi. La cour y a consenti.

L'après-midi, les grands ventilateurs brassaient toujours l'air épais de la salle, et les petits éventails multicolores des jurés s'agitaient tous dans le même sens. La plaidoirie de mon avocat me semblait ne devoir jamais finir. À un moment donné, cependant, je l'ai écouté parce qu'il disait : « Il est vrai que j'ai tué. » Puis il a continué sur ce ton, disant « je » chaque fois qu'il parlait de moi. J'étais très étonné. Je me suis penché vers un gendarme et je lui ai demandé pourquoi. Il m'a dit de me taire et, après un moment, il a ajouté : « Tous les avocats font ça. » Moi, j'ai pensé que c'était m'écarter encore de l'affaire, me réduire à zéro et, en un certain sens, se substituer à moi. Mais je crois que j'étais déjà

très loin de cette salle d'audience. D'ailleurs, mon avocat m'a
semblé ridicule. Il a plaidé la provocation très rapidement et puis
lui aussi a parlé de mon âme. Mais il m'a paru qu'il avait beaucoup
moins de talent que le procureur. « Moi aussi, a-t-il dit, je me suis
penché sur cette âme, mais, contrairement à l'éminent représentant
du ministère public, j'ai trouvé quelque chose et je puis dire que
j'y ai lu à livre ouvert. » Il y avait lu que j'étais un honnête homme,
un travailleur régulier, infatigable, fidèle à la maison qui
l'employait, aimé de tous et compatissant aux misères d'autrui.
Pour lui, j'étais un fils modèle qui avait soutenu sa mère aussi
longtemps qu'il l'avait pu. Finalement j'avais espéré qu'une maison
de retraite donnerait à la vieille femme le confort que mes moyens
ne me permettaient pas de lui procurer. « Je m'étonne, messieurs,
a-t-il ajouté, qu'on ait mené si grand bruit autour de cet asile. Car
enfin, s'il fallait donner une preuve de l'utilité et de la grandeur
de ces institutions, il faudrait bien dire que c'est l'État lui-même
qui les subventionne. » Seulement, il n'a pas parlé de l'enterrement
et j'ai senti que cela manquait dans sa plaidoirie. Mais à cause de
toutes ces longues phrases, de toutes ces journées et ces heures
interminables pendant lesquelles on avait parlé de mon âme, j'ai
eu l'impression que tout devenait comme une eau incolore où je
trouvais le vertige.

À la fin, je me souviens seulement que, de la rue et à travers
tout l'espace des salles et des prétoires, pendant que mon avocat
continuait à parler, la trompette d'un marchand de glace a résonné
jusqu'à moi. J'ai été assailli des souvenirs d'une vie qui ne
m'appartenait plus, mais où j'avais trouvé les plus pauvres et les
plus tenaces de mes joies : des odeurs d'été, le quartier que j'aimais,
un certain ciel du soir, le rire et les robes de Marie. Tout ce que
je faisais d'inutile en ce lieu m'est alors remonté à la gorge et je
n'ai eu qu'une hâte, c'est qu'on en finisse et que je retrouve ma
cellule avec le sommeil. C'est à peine si j'ai entendu mon avocat
s'écrier, pour finir, que les jurés ne voudraient pas envoyer à la

mort un travailleur honnête perdu par une minute d'égarement, et demander les circonstances atténuantes pour un crime dont je traînais déjà, comme le plus sûr de mes châtiments, le remords éternel. La cour a suspendu l'audience et l'avocat s'est assis d'un air épuisé. Mais ses collègues sont venus vers lui pour lui serrer la main. J'ai entendu : « Magnifique, mon cher. » L'un d'eux m'a même pris à témoin : « Hein ? » m'a-t-il dit. J'ai acquiescé, mais mon compliment n'était pas sincère, parce que j'étais trop fatigué.

Pourtant, l'heure déclinait au-dehors et la chaleur était moins forte. Aux quelques bruits de rue que j'entendais, je devinais la douceur du soir. Nous étions là, tous, à attendre. Et ce qu'ensemble nous attendions ne concernait que moi. J'ai encore regardé la salle. Tout était dans le même état que le premier jour. J'ai rencontré le regard du journaliste à la veste grise et de la femme automate. Cela m'a donné à penser que je n'avais pas cherché Marie du regard pendant tout le procès. Je ne l'avais pas oubliée, mais j'avais trop à faire. Je l'ai vue entre Céleste et Raymond. Elle m'a fait un petit signe comme si elle disait : « Enfin », et j'ai vu son visage un peu anxieux qui souriait. Mais je sentais mon cœur fermé et je n'ai même pas pu répondre à son sourire.

La cour est revenue. Très vite, on a lu aux jurés une série de questions. J'ai entendu « coupable de meurtre »... « préméditation »... « circonstances atténuantes ». Les jurés sont sortis et l'on m'a emmené dans la petite pièce où j'avais déjà attendu. Mon avocat est venu me rejoindre : il était très volubile et m'a parlé avec plus de confiance et de cordialité qu'il ne l'avait jamais fait. Il pensait que tout irait bien et que je m'en tirerais avec quelques années de prison ou de bagne. Je lui ai demandé s'il y avait des chances de cassation en cas de jugement défavorable. Il m'a dit que non. Sa tactique avait été de ne pas déposer de conclusions pour ne pas indisposer le jury. Il m'a expliqué qu'on ne cassait pas un jugement, comme cela, pour rien. Cela m'a paru évident

Caligula, présenté par une troupe de théâtre croate lors du Festival d'été d'Ohrid en Macédoine, 2008.

1025 et je me suis rendu à ses raisons. À considérer froidement la chose, c'était tout à fait naturel. Dans le cas contraire, il y aurait trop de paperasses inutiles. «De toute façon, m'a dit mon avocat, il y a le pourvoi. Mais je suis persuadé que l'issue sera favorable.»

1030 Nous avons attendu très longtemps, près de trois quarts d'heure, je crois. Au bout de ce temps, une sonnerie a retenti. Mon avocat m'a quitté en disant: «Le président du jury va lire les réponses. On ne vous fera entrer que pour l'énoncé du jugement.» Des portes ont claqué. Des gens couraient dans des escaliers dont je ne savais pas s'ils étaient proches ou éloignés. Puis j'ai entendu une voix

1035 sourde lire quelque chose dans la salle. Quand la sonnerie a encore retenti, que la porte du box s'est ouverte, c'est le silence de la salle qui est monté vers moi, le silence, et cette singulière sensation que j'ai eue lorsque j'ai constaté que le jeune journaliste avait détourné ses yeux. Je n'ai pas regardé du côté de Marie. Je

1040 n'en ai pas eu le temps parce que le président m'a dit dans une forme bizarre que j'aurais la tête tranchée sur une place publique au nom du peuple français. Il m'a semblé alors reconnaître le sentiment que je lisais sur tous les visages. Je crois bien que c'était de la considération. Les gendarmes étaient très doux avec

1045 moi. L'avocat a posé sa main sur mon poignet. Je ne pensais plus à rien. Mais le président m'a demandé si je n'avais rien à ajouter. J'ai réfléchi. J'ai dit: «Non.» C'est alors qu'on m'a emmené.

V

Pour la troisième fois, j'ai refusé de recevoir l'aumônier[1]. Je n'ai rien à lui dire, je n'ai pas envie de parler, je le verrai bien assez tôt. Ce qui m'intéresse en ce moment, c'est d'échapper à la mécanique, de savoir si l'inévitable peut avoir une issue. On m'a changé de cellule. De celle-ci, lorsque je suis allongé, je vois le ciel et je ne vois que lui. Toutes mes journées se passent à regarder sur son visage le déclin des couleurs qui conduit le jour à la nuit. Couché, je passe les mains sous ma tête et j'attends. Je ne sais combien de fois je me suis demandé s'il y avait des exemples de condamnés à mort qui eussent échappé au mécanisme implacable, disparu avant l'exécution, rompu les cordons d'agents. Je me reprochais alors de n'avoir pas prêté assez d'attention aux récits d'exécution. On devrait toujours s'intéresser à ces questions. On ne sait jamais ce qui peut arriver. Comme tout le monde, j'avais lu des comptes rendus dans les journaux. Mais il y avait certainement des ouvrages spéciaux que je n'avais jamais eu la curiosité de consulter. Là, peut-être, j'aurais trouvé des récits d'évasion. J'aurais appris que dans un cas au moins la roue s'était arrêtée, que dans cette préméditation irrésistible, le hasard et la chance, une fois seulement, avaient changé quelque chose. Une fois! Dans un sens, je crois que cela m'aurait suffi. Mon cœur aurait fait le reste. Les journaux

note ....

1. **aumônier** : prêtre qui officie dans des institutions particulières comme les prisons ou les hôpitaux.

parlaient souvent d'une dette qui était due à la société. Il fallait,
selon eux, la payer. Mais cela ne parle pas à l'imagination. Ce qui
comptait, c'était une possibilité d'évasion, un saut hors du rite
implacable, une course à la folie qui offrît toutes les chances de
l'espoir. Naturellement, l'espoir, c'était d'être abattu au coin d'une
rue, en pleine course, et d'une balle à la volée. Mais tout bien
considéré, rien ne me permettait ce luxe, tout me l'interdisait, la
mécanique me reprenait.

Malgré ma bonne volonté, je ne pouvais pas accepter cette
certitude insolente. Car enfin, il y avait une disproportion ridicule
entre le jugement qui l'avait fondée et son déroulement imper-
turbable à partir du moment où ce jugement avait été prononcé.
Le fait que la sentence avait été lue à vingt heures plutôt qu'à
dix-sept, le fait qu'elle aurait pu être tout autre, qu'elle avait été
prise par des hommes qui changent de linge, qu'elle avait été
portée au crédit d'une notion aussi imprécise que le peuple
français (ou allemand, ou chinois), il me semblait bien que tout
cela enlevait beaucoup de sérieux à une telle décision. Pourtant,
j'étais obligé de reconnaître que dès la seconde où elle avait été
prise, ses effets devenaient aussi certains, aussi sérieux, que la
présence de ce mur tout le long duquel j'écrasais mon corps.

Je me suis souvenu dans ces moments d'une histoire que
maman me racontait à propos de mon père. Je ne l'avais pas
connu. Tout ce que je connaissais de précis sur cet homme,
c'était peut-être ce que m'en disait alors maman : il était allé voir
exécuter un assassin. Il était malade à l'idée d'y aller. Il l'avait
fait cependant et au retour il avait vomi une partie de la matinée.
Mon père me dégoûtait un peu alors. Maintenant je comprenais,
c'était si naturel. Comment n'avais-je pas vu que rien n'était plus
important qu'une exécution capitale et que, en somme, c'était la
seule chose vraiment intéressante pour un homme ! Si jamais je
sortais de cette prison, j'irais voir toutes les exécutions capitales.
J'avais tort, je crois, de penser à cette possibilité. Car à l'idée de me

voir libre par un petit matin derrière un cordon d'agents, de l'autre côté en quelque sorte, à l'idée d'être le spectateur qui vient voir et qui pourra vomir après, un flot de joie empoisonnée me montait au cœur. Mais ce n'était pas raisonnable. J'avais tort de me laisser aller à ces suppositions parce que, l'instant d'après, j'avais si affreusement froid que je me recroquevillais sous ma couverture. Je claquais des dents sans pouvoir me retenir.

Mais, naturellement, on ne peut pas être toujours raisonnable. D'autres fois, par exemple, je faisais des projets de loi. Je réformais les pénalités. J'avais remarqué que l'essentiel était de donner une chance au condamné. Une seule sur mille, cela suffisait pour arranger bien des choses. Ainsi, il me semblait qu'on pouvait trouver une combinaison chimique dont l'absorption tuerait le patient (je pensais : le patient) neuf fois sur dix. Lui le saurait, c'était la condition. Car en réfléchissant bien, en considérant les choses avec calme, je constatais que ce qui était défectueux avec le couperet, c'est qu'il n'y avait aucune chance, absolument aucune. Une fois pour toutes, en somme, la mort du patient avait été décidée. C'était une affaire classée, une combinaison bien arrêtée, un accord entendu et sur lequel il n'était pas question de revenir. Si le coup ratait, par extraordinaire, on recommençait. Par suite, ce qu'il y avait d'ennuyeux, c'est qu'il fallait que le condamné souhaitât le bon fonctionnement de la machine. Je dis que c'est le côté défectueux. Cela est vrai, dans un sens. Mais, dans un autre sens, j'étais obligé de reconnaître que tout le secret d'une bonne organisation était là. En somme, le condamné était obligé de collaborer moralement. C'était son intérêt que tout marchât sans accroc.

J'étais obligé de constater aussi que jusqu'ici j'avais eu sur ces questions des idées qui n'étaient pas justes. J'ai cru longtemps – et je ne sais pas pourquoi – que pour aller à la guillotine, il fallait monter sur un échafaud[1], gravir des marches. Je crois que c'était à cause de la Révolution de 1789[2], je veux dire à cause de tout ce qu'on m'avait appris ou fait voir sur ces questions. Mais un matin, je me suis souvenu d'une photographie publiée par les journaux à l'occasion d'une exécution retentissante. En réalité, la machine était posée à même le sol, le plus simplement du monde. Elle était beaucoup plus étroite que je ne le pensais. C'était assez drôle que je ne m'en fusse pas avisé plus tôt. Cette machine sur le cliché m'avait frappé par son aspect d'ouvrage de précision, fini et étincelant. On se fait toujours des idées exagérées de ce qu'on ne connaît pas. Je devais constater au contraire que tout était simple : la machine est au même niveau que l'homme qui marche vers elle. Il la rejoint comme on marche à la rencontre d'une personne. Cela aussi était ennuyeux. La montée vers l'échafaud, l'ascension en plein ciel, l'imagination pouvait s'y raccrocher. Tandis que, là encore, la mécanique écrasait tout : on était tué discrètement, avec un peu de honte et beaucoup de précision.

Il y avait aussi deux choses à quoi je réfléchissais tout le temps : l'aube et mon pourvoi. Je me raisonnais cependant et j'essayais de n'y plus penser. Je m'étendais, je regardais le ciel, je m'efforçais de m'y intéresser. Il devenait vert, c'était le soir. Je faisais encore un effort pour détourner le cours de mes pensées. J'écoutais mon cœur. Je ne pouvais imaginer que ce bruit qui m'accompagnait depuis si longtemps pût jamais cesser. Je n'ai jamais eu de véritable imagination. J'essayais pourtant de me représenter une certaine seconde où le battement de ce cœur ne se prolongerait plus dans ma tête. Mais en vain. L'aube ou mon pourvoi étaient là. Je finissais par me dire que le plus raisonnable était de ne pas me contraindre.

notes

1. **échafaud** : plateforme d'exécution des criminels.

2. **Révolution de 1789** : soulèvement du peuple français contre la monarchie.

C'est à l'aube qu'ils venaient, je le savais. En somme, j'ai occupé mes nuits à attendre cette aube. Je n'ai jamais aimé être surpris. Quand il m'arrive quelque chose, je préfère être là. C'est pourquoi j'ai fini par ne plus dormir qu'un peu dans mes journées et, tout le long de mes nuits, j'ai attendu patiemment que la lumière naisse sur la vitre du ciel. Le plus difficile, c'était l'heure douteuse où je savais qu'ils opéraient d'habitude. Passé minuit, j'attendais et je guettais. Jamais mon oreille n'avait perçu tant de bruits, distingué de sons si ténus[1]. Je peux dire, d'ailleurs, que d'une certaine façon j'ai eu de la chance pendant toute cette période, puisque je n'ai jamais entendu de pas. Maman disait souvent qu'on n'est jamais tout à fait malheureux. Je l'approuvais dans ma prison, quand le ciel se colorait et qu'un nouveau jour glissait dans ma cellule. Parce qu'aussi bien, j'aurais pu entendre des pas et mon cœur aurait pu éclater. Même si le moindre glissement me jetait à la porte, même si, l'oreille collée au bois, j'attendais éperdument jusqu'à ce que j'entende ma propre respiration, effrayé de la trouver rauque[2] et si pareille au râle d'un chien, au bout du compte mon cœur n'éclatait pas et j'avais encore gagné vingt-quatre heures.

Pendant tout le jour, il y avait mon pourvoi. Je crois que j'ai tiré le meilleur parti de cette idée. Je calculais mes effets et j'obtenais de mes réflexions le meilleur rendement. Je prenais toujours la plus mauvaise supposition : mon pourvoi était rejeté. « Eh bien, je mourrai donc. » Plus tôt que d'autres, c'était évident. Mais tout le monde sait que la vie ne vaut pas la peine d'être vécue. Dans le fond, je n'ignorais pas que mourir à trente ans ou à soixante-dix ans importe peu puisque, naturellement, dans les deux cas, d'autres hommes et d'autres femmes vivront, et cela pendant des milliers d'années. Rien n'était plus clair, en somme. C'était toujours moi qui mourrais, que ce soit maintenant ou dans vingt ans. À ce

notes
....

| **1. ténus :** faibles. | **2. rauque :** bruyant et enroué.

moment, ce qui me gênait un peu dans mon raisonnement, c'était ce bond terrible que je sentais en moi à la pensée de vingt ans de vie à venir. Mais je n'avais qu'à l'étouffer en imaginant ce que seraient mes pensées dans vingt ans quand il me faudrait quand même en venir là. Du moment qu'on meurt, comment et quand, cela n'importe pas, c'était évident. Donc (et le difficile c'était de ne pas perdre de vue tout ce que ce «donc» représentait de raisonnements), donc, je devais accepter le rejet de mon pourvoi.

À ce moment, à ce moment seulement, j'avais pour ainsi dire le droit, je me donnais en quelque sorte la permission d'aborder la deuxième hypothèse : j'étais gracié[1]. L'ennuyeux, c'est qu'il fallait rendre moins fougueux cet élan du sang et du corps qui me piquait les yeux d'une joie insensée. Il fallait que je m'applique à réduire ce cri, à le raisonner. Il fallait que je sois naturel même dans cette hypothèse, pour rendre plus plausible ma résignation dans la première. Quand j'avais réussi, j'avais gagné une heure de calme. Cela, tout de même, était à considérer.

C'est à un semblable moment que j'ai refusé une fois de plus de recevoir l'aumônier. J'étais étendu et je devinais l'approche du soir d'été à une certaine blondeur du ciel. Je venais de rejeter mon pourvoi et je pouvais sentir les ondes de mon sang circuler régulièrement en moi. Je n'avais pas besoin de voir l'aumônier. Pour la première fois depuis bien longtemps, j'ai pensé à Marie. Il y avait de longs jours qu'elle ne m'écrivait plus. Ce soir-là, j'ai réfléchi et je me suis dit qu'elle s'était peut-être fatiguée d'être la maîtresse d'un condamné à mort. L'idée m'est venue aussi qu'elle était peut-être malade ou morte. C'était dans l'ordre des choses. Comment l'aurais-je su puisqu'en dehors de nos deux corps maintenant séparés, rien ne nous liait et ne nous rappelait l'un à l'autre. À partir de ce moment, d'ailleurs, le souvenir de Marie m'aurait été indifférent. Morte, elle ne m'intéressait plus.

note ....

| 1. **gracié** : acquitté.

Je trouvais cela normal comme je comprenais très bien que les
gens m'oublient après ma mort. Ils n'avaient plus rien à faire avec
moi. Je ne pouvais même pas dire que cela était dur à penser.

C'est à ce moment précis que l'aumônier est entré. Quand je
l'ai vu, j'ai eu un petit tremblement. Il s'en est aperçu et m'a dit
de ne pas avoir peur. Je lui ai dit qu'il venait d'habitude à un autre
moment. Il m'a répondu que c'était une visite tout amicale qui
n'avait rien à voir avec mon pourvoi dont il ne savait rien. Il s'est
assis sur ma couchette et m'a invité à me mettre près de lui. J'ai
refusé. Je lui trouvais tout de même un air très doux.

Il est resté un moment assis, les avant-bras sur les genoux, la tête
baissée, à regarder ses mains. Elles étaient fines et musclées, elles
me faisaient penser à deux bêtes agiles. Il les a frottées lentement
l'une contre l'autre. Puis il est resté ainsi, la tête toujours baissée,
pendant si longtemps que j'ai eu l'impression, un instant, que je
l'avais oublié.

Mais il a relevé brusquement la tête et m'a regardé en face :
« Pourquoi, m'a-t-il dit, refusez-vous mes visites ? » J'ai répondu
que je ne croyais pas en Dieu. Il a voulu savoir si j'en étais bien sûr
et j'ai dit que je n'avais pas à me le demander : cela me paraissait une
question sans importance. Il s'est alors renversé en arrière et s'est
adossé au mur, les mains à plat sur les cuisses. Presque sans avoir
l'air de me parler, il a observé qu'on se croyait sûr, quelquefois, et,
en réalité, on ne l'était pas. Je ne disais rien. Il m'a regardé et m'a
interrogé : « Qu'en pensez-vous ? » J'ai répondu que c'était possible.
En tout cas, je n'étais peut-être pas sûr de ce qui m'intéressait
réellement, mais j'étais tout à fait sûr de ce qui ne m'intéressait pas.
Et justement, ce dont il me parlait ne m'intéressait pas.

Il a détourné les yeux et, toujours sans changer de position, m'a
demandé si je ne parlais pas ainsi par excès de désespoir. Je lui ai
expliqué que je n'étais pas désespéré. J'avais seulement peur,
c'était bien naturel. « Dieu vous aiderait alors, a-t-il remarqué. Tous
ceux que j'ai connus dans votre cas se retournaient vers lui. »

J'ai reconnu que c'était leur droit. Cela prouvait aussi qu'ils en avaient le temps. Quant à moi, je ne voulais pas qu'on m'aidât et justement le temps me manquait pour m'intéresser à ce qui ne m'intéressait pas.

À ce moment, ses mains ont eu un geste d'agacement, mais il s'est redressé et a arrangé les plis de sa robe. Quand il a eu fini, il s'est adressé à moi en m'appelant « mon ami » : s'il me parlait ainsi ce n'était pas parce que j'étais condamné à mort ; à son avis, nous étions tous condamnés à mort. Mais je l'ai interrompu en lui disant que ce n'était pas la même chose et que, d'ailleurs, ce ne pouvait être, en aucun cas, une consolation. « Certes, a-t-il approuvé. Mais vous mourrez plus tard si vous ne mourez pas aujourd'hui. La même question se posera alors. Comment aborderez-vous cette terrible épreuve ? » J'ai répondu que je l'aborderais exactement comme je l'abordais en ce moment.

Il s'est levé à ce mot et m'a regardé droit dans les yeux. C'est un jeu que je connaissais bien. Je m'en amusais souvent avec Emmanuel ou Céleste et, en général, ils détournaient leurs yeux. L'aumônier aussi connaissait bien ce jeu, je l'ai tout de suite compris : son regard ne tremblait pas. Et sa voix non plus n'a pas tremblé quand il m'a dit : « N'avez-vous donc aucun espoir et vivez-vous avec la pensée que vous allez mourir tout entier ? – Oui », ai-je répondu.

Alors, il a baissé la tête et s'est rassis. Il m'a dit qu'il me plaignait. Il jugeait cela impossible à supporter pour un homme. Moi, j'ai seulement senti qu'il commençait à m'ennuyer. Je me suis détourné à mon tour et je suis allé sous la lucarne. Je m'appuyais de l'épaule contre le mur. Sans bien le suivre, j'ai entendu qu'il recommençait à m'interroger. Il parlait d'une voix inquiète et pressante. J'ai compris qu'il était ému et je l'ai mieux écouté.

Il me disait sa certitude que mon pourvoi serait accepté, mais je portais le poids d'un péché dont il fallait me débarrasser. Selon lui, la justice des hommes n'était rien et la justice de Dieu tout. J'ai remarqué que c'était la première qui m'avait condamné. Il

1290 m'a répondu qu'elle n'avait pas, pour autant, lavé mon péché. Je lui ai dit que je ne savais pas ce qu'était un péché. On m'avait seulement appris que j'étais un coupable. J'étais coupable, je payais, on ne pouvait rien me demander de plus. À ce moment, il s'est levé à nouveau et j'ai pensé que dans cette cellule si étroite, s'il

1295 voulait remuer, il n'avait pas le choix. Il fallait s'asseoir ou se lever.

J'avais les yeux fixés au sol. Il a fait·un pas vers moi et s'est arrêté, comme s'il n'osait avancer. Il regardait le ciel à travers les barreaux. «Vous vous trompez, mon fils, m'a-t-il dit, on pourrait vous demander plus. On vous le demandera peut-être. – Et quoi donc ?

1300 – On pourrait vous demander de voir. – Voir quoi ?»

Le prêtre a regardé tout autour de lui et il a répondu d'une voix que j'ai trouvée soudain très lasse : «Toutes ces pierres suent la douleur, je le sais. Je ne les ai jamais regardées sans angoisse. Mais, du fond du cœur, je sais que les plus misérables d'entre vous ont

1305 vu sortir de leur obscurité un visage divin. C'est ce visage qu'on vous demande de voir. »

Je me suis un peu animé. J'ai dit qu'il y avait des mois que je regardais ces murailles. Il n'y avait rien ni personne que je connusse mieux au monde. Peut-être, il y a bien longtemps, y

1310 avais-je cherché un visage. Mais ce visage avait la couleur du soleil et la flamme du désir : c'était celui de Marie. Je l'avais cherché en vain. Maintenant, c'était fini. Et dans tous les cas, je n'avais rien vu surgir de cette sueur de pierre.

L'aumônier m'a regardé avec une sorte de tristesse. J'étais

1315 maintenant complètement adossé à la muraille et le jour me coulait sur le front. Il a dit quelques mots que je n'ai pas entendus et m'a demandé très vite si je lui permettais de m'embrasser : «Non», ai-je répondu. Il s'est retourné et a marché vers le mur sur lequel il a passé sa main lentement : «Aimez-vous donc cette terre

1320 à ce point ?» a-t-il murmuré. Je n'ai rien répondu.

Il est resté assez longtemps détourné. Sa présence me pesait et m'agaçait. J'allais lui dire de partir, de me laisser, quand il s'est

140

écrié tout d'un coup avec une sorte d'éclat, en se retournant vers moi : « Non, je ne peux pas vous croire. Je suis sûr qu'il vous est arrivé de souhaiter une autre vie. » Je lui ai répondu que naturellement, mais cela n'avait pas plus d'importance que de souhaiter d'être riche, de nager très vite ou d'avoir une bouche mieux faite. C'était du même ordre. Mais lui m'a arrêté et il voulait savoir comment je voyais cette autre vie. Alors, je lui ai crié : « Une vie où je pourrais me souvenir de celle-ci », et aussitôt je lui ai dit que j'en avais assez. Il voulait encore me parler de Dieu, mais je me suis avancé vers lui et j'ai tenté de lui expliquer une dernière fois qu'il me restait peu de temps. Je ne voulais pas le perdre avec Dieu. Il a essayé de changer de sujet en me demandant pourquoi je l'appelais « monsieur » et non pas « mon père[1] ». Cela m'a énervé et je lui ai répondu qu'il n'était pas mon père : il était avec les autres.

« Non, mon fils, a-t-il dit en mettant la main sur mon épaule. Je suis avec vous. Mais vous ne pouvez pas le savoir parce que vous avez un cœur aveugle. Je prierai pour vous. »

Alors, je ne sais pas pourquoi, il y a quelque chose qui a crevé en moi. Je me suis mis à crier à plein gosier et je l'ai insulté et je lui ai dit de ne pas prier. Je l'avais pris par le collet de sa soutane[2]. Je déversais sur lui tout le fond de mon cœur avec des bondissements mêlés de joie et de colère. Il avait l'air si certain, n'est-ce pas ? Pourtant, aucune de ses certitudes ne valait un cheveu de femme. Il n'était même pas sûr d'être en vie puisqu'il vivait comme un mort. Moi, j'avais l'air d'avoir les mains vides. Mais j'étais sûr de moi, sûr de tout, plus sûr que lui, sûr de ma vie et de cette mort qui allait venir. Oui, je n'avais que cela. Mais du moins, je tenais cette vérité autant qu'elle me tenait. J'avais eu raison, j'avais encore raison, j'avais toujours raison. J'avais vécu de telle

passage analysé

notes

1. « **mon père** » : façon de s'adresser à un prêtre catholique.

2. **soutane** : vêtement porté par les prêtres catholiques et qui ressemble à une longue robe.

façon et j'aurais pu vivre de telle autre. J'avais fait ceci et je n'avais pas fait cela. Je n'avais pas fait telle chose alors que j'avais fait cette autre. Et après ? C'était comme si j'avais attendu pendant tout le temps cette minute et cette petite aube où je serais justifié. Rien, rien n'avait d'importance et je savais bien pourquoi. Lui aussi savait pourquoi. Du fond de mon avenir, pendant toute cette vie absurde que j'avais menée, un souffle obscur remontait vers moi à travers des années qui n'étaient pas encore venues et ce souffle égalisait sur son passage tout ce qu'on me proposait alors dans les années pas plus réelles que je vivais. Que m'importaient la mort des autres, l'amour d'une mère, que m'importaient son Dieu, les vies qu'on choisit, les destins qu'on élit, puisqu'un seul destin devait m'élire moi-même et avec moi des milliards de privilégiés qui, comme lui, se disaient mes frères. Comprenait-il, comprenait-il donc ? Tout le monde était privilégié. Il n'y avait que des privilégiés. Les autres aussi, on les condamnerait un jour. Lui aussi, on le condamnerait. Qu'importait si, accusé de meurtre, il était exécuté pour n'avoir pas pleuré à l'enterrement de sa mère ? Le chien de Salamano valait autant que sa femme. La petite femme automatique était aussi coupable que la Parisienne que Masson avait épousée ou que Marie qui avait envie que je l'épouse. Qu'importait que Raymond fût mon copain autant que Céleste qui valait mieux que lui ? Qu'importait que Marie donnât aujourd'hui sa bouche à un nouveau Meursault ? Comprenait-il donc, ce condamné et que du fond de mon avenir... J'étouffais en criant tout ceci. Mais, déjà, on m'arrachait l'aumônier des mains et les gardiens me menaçaient. Lui, cependant, les a calmés et m'a regardé un moment en silence. Il avait les yeux pleins de larmes. Il s'est détourné et il a disparu.

Lui parti, j'ai retrouvé le calme. J'étais épuisé et je me suis jeté sur ma couchette. Je crois que j'ai dormi parce que je me suis réveillé avec des étoiles sur le visage. Des bruits de campagne montaient jusqu'à moi. Des odeurs de nuit, de terre et de sel rafraîchissaient mes tempes. La merveilleuse paix de cet été endormi entrait en moi comme une marée. À ce moment, et à la limite de la nuit, des sirènes ont hurlé. Elles annonçaient des départs pour un monde qui maintenant m'était à jamais indifférent. Pour la première fois depuis bien longtemps, j'ai pensé à maman. Il m'a semblé que je comprenais pourquoi à la fin d'une vie elle avait pris un «fiancé», pourquoi elle avait joué à recommencer. Là-bas, là-bas aussi, autour de cet asile où des vies s'éteignaient, le soir était comme une trêve mélancolique. Si près de la mort, maman devait s'y sentir libérée et prête à tout revivre. Personne, personne n'avait le droit de pleurer sur elle. Et moi aussi, je me suis senti prêt à tout revivre. Comme si cette grande colère m'avait purgé du mal[1], vidé d'espoir, devant cette nuit chargée de signes et d'étoiles, je m'ouvrais pour la première fois à la tendre indifférence du monde. De l'éprouver si pareil à moi, si fraternel enfin, j'ai senti que j'avais été heureux, et que je l'étais encore. Pour que tout soit consommé, pour que je me sente moins seul, il me restait à souhaiter qu'il y ait beaucoup de spectateurs le jour de mon exécution et qu'ils m'accueillent avec des cris de haine.

note

| **1. purgé du mal**: purifié de tout péché (comme si le mal était expulsé hors du corps).

Test de première lecture

❶ Parmi les suivantes, encerclez la phrase qui introduit le roman.

a) *L'asile de vieillards est à Marengo, à quatre-vingts kilomètres d'Alger.*

b) *« Ce n'est pas de ma faute. »*

c) *Aujourd'hui, maman est morte.*

d) *J'ai reçu un télégramme de l'asile.*

e) *Quand je me suis réveillé, Marie était partie.*

❷ Parmi les affirmations suivantes, encerclez celle qui s'applique à la mère de Meursault.

a) Elle faisait à son fils de fréquents reproches sur son manque d'ambition.

b) Sans être athée, elle n'a jamais pensé de son vivant à la religion.

c) Elle s'est attachée à un chien qui la suivait partout.

d) Elle était en brouille avec le directeur de l'asile.

e) Elle n'aimait pas la ville de Marengo, située à quatre-vingts kilomètres d'Alger.

❸ Donnez trois preuves qui témoignent de la relative indifférence de Meursault à la mort de sa mère.

❹ Parmi les descriptions suivantes, laquelle s'applique à Thomas Pérez ?

a) Il est directeur des pompes funèbres et s'occupe de l'enterrement de la mère de Meursault.

b) Il est ami de Meursault et l'accompagne à l'enterrement de sa mère.

c) Il est l'amant de la sœur de Meursault.

d) Très proche de la mère de Meursault, on le considère même comme son fiancé.

e) Il est le médecin chargé des vieillards, attaché à la résidence de la mère de Meursault.

5 Parmi les traits suivants, encerclez celui qui s'applique à Marie Cardona.

a) Toute de noir vêtue, elle a adopté le style des existentialistes de l'époque.

b) Enjouée et sensuelle, elle demande à Meursault s'il veut l'épouser.

c) Elle travaille au même endroit que Meursault qu'elle cherche à séduire en portant des robes moulantes.

d) Elle attire Meursault par ses manières distinguées.

e) Fervente catholique, elle invite Meursault à trouver refuge dans la foi lors du procès.

6 Parmi les descriptions suivantes, laquelle s'applique au vieux Salamano ?

a) Voisin de palier de Meursault, il est proxénète (il vit du travail de prostituées).

b) Locataire à la même adresse que Meursault, il parle perpétuellement de politique.

c) Ami de Marie Cardona, il se joint aux amis de Meursault à la plage.

d) Vieillard qui insulte et bat perpétuellement son chien.

e) Propriétaire d'un restaurant où mange Meursault.

7 Parmi les suivantes, quelle est la réponse de Meursault à Raymond Sintès qui lui demande d'être son ami ?

a) Il l'invite à venir chez lui manger du boudin.

b) Il lui répond que ça lui est égal.

c) Il lui répond qu'il ne veut pas être l'ami de quelqu'un qui a mauvaise réputation.

d) Il lui demande d'expliquer pourquoi il bat régulièrement sa compagne.

e) Il lui dit qu'il est prêt à le conseiller.

❽ Que propose le patron de l'entreprise où travaille Meursault à ce dernier ?

a) Il lui propose de déplacer l'entreprise dans la ville de Marengo afin que Meursault soit plus près de sa mère.

b) Il lui propose de devenir associé dans son entreprise.

c) Il lui propose un poste de direction à Alger.

d) Il lui propose un poste à Paris puisqu'il a l'intention d'y ouvrir des bureaux.

e) Il lui propose de travailler à commission.

❾ Quel est le comportement de Raymond, Meursault et leur ami Masson sur la plage lorsque ces derniers rencontrent le groupe des Arabes ?

a) Chacun a aplati dans l'eau un des adversaires désigné parmi les Arabes.

b) Raymond et Masson ont parlementé avec les Arabes pour les calmer alors que Meursault se tenait à l'écart.

c) Meursault et Raymond ont brandi un couteau pour les éloigner tandis que Masson souriait de façon sardonique.

d) Masson et Raymond ont frappé leurs adversaires jusqu'à mettre le visage de l'un d'eux en sang alors que Meursault est en attente, prêt à intervenir si nécessaire.

e) Éblouis par le soleil, les trois ont tiré sur le groupe au hasard.

❿ Parmi les suivantes, quelle phrase clôt l'épisode du meurtre de l'Arabe ?

a) *Et c'était comme quatre coups brefs que je frappais sur la porte du malheur.*

b) *Tout mon être s'est détendu et j'ai décrispé la main qui tenait le revolver.*

c) *C'était le même soleil que le jour où j'avais enterré maman.*

d) *Je ne sentais plus que les cymbales du soleil sur mon front.*

e) *Et je n'ai plus pensé qu'à Marie qui m'attendait avec les autres dans le cabanon de Masson.*

⑪ Que répond Meursault à son avocat qui lui demande s'il peut affirmer en cour qu'il a dominé ses sentiments naturels lors de la mort de sa mère ?

a) *Tous les êtres humains souhaitent longue vie à leurs parents.*

b) *Ce point n'est en aucune sorte lié à la mort de ma mère.*

c) *Non, parce que c'est faux.*

d) *Si cela peut contribuer à m'innocenter, la nature des arguments m'importe peu.*

e) *En fait, je ne me suis pas rendu compte de ce qui se passait.*

⑫ Quel personnage adresse à Meursault la phrase suivante : « Je n'ai jamais vu d'âme aussi endurcie que la vôtre » ?

a) L'aumônier qui le visite en prison.

b) L'avocat qui se charge de sa cause.

c) Le juge d'instruction qui l'interroge avant son procès.

d) Le greffier en laissant tomber sa plume.

e) Le journaliste qui s'adresse à lui lors du procès.

⑬ Quelle réponse Meursault donne-t-il au président du tribunal qui lui demande de préciser les motifs de son crime ?

a) Qu'il voulait venger son ami Raymond des infidélités de sa maîtresse.

b) Que tout cela était une question de destin, que c'était écrit dans le ciel.

c) Qu'il avait craint que le groupe s'en prenne à sa compagne, Marie Cardona.

d) Que c'était à cause du soleil.

e) Qu'aucun motif ne pouvait justifier son acte.

⑭ Par quel verdict se clôt le procès de Meursault ?

a) Coupable avec circonstances atténuantes.

b) La tête tranchée sur la place publique au nom du peuple français.

c) La pendaison sur la place publique au nom du peuple français.

d) La chaise électrique entre les quatre murs de la prison.

e) Aucun verdict à cause d'une erreur de procédure.

⓯ Décrivez en trois phrases l'attitude de Meursault envers l'aumônier qui vient le visiter en prison (sans répéter la même idée).

L'étude
de l'œuvre

Quelques notions de base

Quelques renseignements sur le genre narratif

Depuis Balzac, le roman s'impose comme la forme narrative dominante, très marquée d'ailleurs par la conception que les romanciers réalistes s'en faisaient, même si les romanciers actuels explorent toutes sortes de stratégies pour le sortir des sentiers battus. Camus s'inscrit dans cette mouvance de renouvellement du genre narratif en prenant ses distances par rapport au réalisme, courant littéraire qui a fortement contribué à définir le roman.

Il n'en demeure pas moins que *L'étranger* répond aux grandes caractéristiques du genre narratif, ce qui permet de le classer dans la catégorie du **récit** fictif. Tout récit comprend une histoire (ce qui est raconté) et une narration (la façon de raconter). L'**histoire** est faite d'un enchaînement d'événements qui changent le parcours de personnages, généralement engagés dans une quête vers un objet particulier. La **narration** est l'ensemble des moyens utilisés pour régir le récit. En littérature, les principaux types de récits sont fictifs ; ils illustrent des thèmes et une vision du monde de l'auteur, qui cherche en outre à se singulariser par son style d'écriture. La **thématique** renvoie donc à ce réseau d'idées que relate l'histoire. Le **style** concerne la façon d'écrire de l'écrivain, qui se distingue par la longueur des phrases, par la tonalité générale de l'œuvre, par l'usage ou non de figures de style, etc. La **lecture** place le récepteur dans un processus interactif dont le but est de dégager, notamment par l'analyse, une **interprétation** du récit. En effet, les idées ne sont pas explicitement formulées dans un récit : elles passent par la médiation des personnages et de l'intrigue.

Par ailleurs, ce qui différencie le **roman** de la **nouvelle** tient à peu de choses : le roman est généralement plus long alors que la nouvelle est brève et concentrée. La nouvelle elle-même tend à se singulariser par rapport au **conte** par son ancrage dans la réalité, tandis que le conte explore plus facilement le surnaturel et l'invraisemblable.

Le tableau suivant présente une synthèse des principales composantes et caractéristiques du roman comme genre littéraire.

Tableau descriptif du roman (récit fictif, genre narratif)

Histoire	**Personnage**
	Être imaginaire fait de mots, qui fait progresser le récit. Le personnage assume plusieurs fonctions dans le récit :
	• composante essentielle qui contribue à la signification de l'œuvre ;
	• représentation de l'être humain, qui se singularise par ses traits physiques, psychologiques, son statut social et les valeurs qu'il adopte ;
	• son importance se mesure par son lien avec le héros, noyau du récit ; le personnage peut aussi être le narrateur ;
	• il est un actant, qui exerce une fonction par rapport à l'action : sujet ou objet de la quête, adjuvant ou opposant, etc. ;
	• peut aussi entrer dans une catégorie stéréotypée s'il a des traits codifiés, déjà connus du lecteur.
	Action
	Ensemble d'événements fictifs, qui transforment le comportement du héros et ses relations avec les autres personnages. Plusieurs possibilités d'organisation, dont voici les principales :
	• enchaînement : disposition chronologique et logique des événements en une seule intrigue ;
	• alternance : entrelacement de deux intrigues ;
	• enchâssement : insertion d'une seconde intrigue, généralement de moindre importance, intégrée dans l'histoire principale.
Narration	**Choix de voix narratives : qui raconte ?**
	• Le narrateur présent ou représenté (narrateur-personnage qui raconte à la première personne) avec les deux possibilités suivantes :
	– narrateur-héros ;
	– narrateur-témoin : un personnage secondaire rapporte l'histoire du héros.
	Effet : contribuer à la subjectivité du récit et favoriser l'identification du lecteur au personnage.
	• Le narrateur non représenté implique une narration à la troisième personne.

Tableau descriptif du roman (récit fictif, genre narratif) (suite)

Narration (suite)	**Effet**: augmenter l'illusion de vraisemblance puisque la réalité semble observée avec neutralité. **Choix de regard ou de perspective: qui observe la scène?** • Focalisation zéro ou point de vue omniscient. • Focalisation interne (avec un personnage): réduction de l'angle de vision à la perspective d'un seul personnage. • Focalisation externe: observation des actants de l'extérieur sans pénétrer les consciences. **Rythme narratif** Moyens variés pour accélérer ou réduire le rythme du récit: analepse (retour en arrière), pause descriptive, ellipse (saut d'événements), prolepse (projection dans le futur), sommaire (récapitulation d'événements).
Thématique	Réseau d'idées, illustrées par l'intermédiaire des personnages et de l'action. Les orientations thématiques sont les suivantes: • orientation vers l'action: thématique de l'héroïsme (roman d'aventures ou picaresque); • orientation vers le héros: thématique psychologique de l'intériorité (roman d'initiation ou d'apprentissage); • orientation sociale ou historique: thématique de l'argent, du pouvoir, du savoir, de la guerre (roman de mœurs); • orientation philosophique: thématique des fondements sociaux, de la relation à Dieu, de la condition humaine.
Style et procédés d'écriture	Ensemble des éléments qui permettent au romancier de se singulariser par une utilisation particulière de son matériau de travail, la langue. Plusieurs éléments contribuent à former cette marque personnelle: • concentration plus ou moins grande de procédés stylistiques; • choix d'un ou de plusieurs niveaux de langue; • choix phraséologiques (longueur et variété de phrases) et lexicaux; • tonalité générale, soit humoristique, tragique, merveilleuse ou fantastique, etc.

L'étude du roman
en s'appuyant
sur des extraits

L'Étranger,
le roman

Lectures croisées – Premier atelier

Étape préparatoire à l'analyse ou à la dissertation : compréhension du passage en tenant compte du contexte

Questionnaire sur le texte de Camus, *L'étranger*

❶ Au point de départ, relevez les passages

a) qui nous instruisent sur l'événement initial de l'intrigue ;

b) qui nous situent dans l'espace ;

c) et relevez les mots qui font référence au temps (au déroulement chronologique).

❷ a) Relevez des passages qui traduisent, de la part du narrateur, une forme d'indifférence à la mort de sa mère (p. ex. « Cela ne veut rien dire »).

b) Montrez que le terme « maman », porteur d'une connotation affectueuse, semble ici entrer en contradiction avec le ton général de ce début de roman.

❸ Camus s'est toujours défendu de composer des romans réalistes. Donnez des preuves ou des explications montrant qu'il s'écarte, dès les premières pages, des caractéristiques suivantes du réalisme :

a) le choix d'un narrateur externe, omniscient ;

b) l'accumulation de détails descriptifs ;

c) l'usage d'un passé simple de narration ;

d) la primauté donnée à la lutte de classes.

❹ En vous appuyant sur l'observation des verbes, montrez que Camus exclut l'émotion pour se centrer sur les actes.

❺ Montrez qu'une impalpable culpabilité empêche l'extrait de tomber dans la parfaite neutralité au point de vue émotif.

❻ Comment le lecteur arrive-t-il à déduire que l'action se passe en milieu pauvre ?

❼ *L'étranger* s'inscrit dans la thématique de l'absurde selon laquelle l'existence de l'être humain sur terre serait ennuyeuse et sans but, non déterminée par une quelconque transcendance, c'est-à-dire l'existence préalable d'un Dieu. Parmi les suivants, quel(s) passage(s) suggère(nt) d'interpréter le récit dans cette direction ?

a) *J'ai demandé deux jours de congé à mon patron et il ne pouvait pas me les refuser avec une excuse pareille* (l. 7 à 9).

b) *Dans les premiers jours où elle était à l'asile, elle pleurait souvent. Mais c'était à cause de l'habitude. Au bout de quelques mois, elle aurait pleuré si on l'avait retirée de l'asile. Toujours à cause de l'habitude* (l. 51 à 53).

c) *Maman, sans être athée, n'avait jamais pensé de son vivant à la religion* (l. 76 et 77).

d) *Le concierge a tourné le commutateur et j'ai été aveuglé par l'éclaboussement soudain de la lumière* (l. 135 à 137).

e) *Je lui ai demandé si on pouvait éteindre une des lampes. L'éclat de la lumière sur les murs blancs me fatiguait* (l. 147 à 149).

❽ En quoi la description des pensionnaires contribue-t-elle à donner une vision plutôt pessimiste de l'humanité vieillissante ?

❾ Relevez des passages qui illustrent l'importance accordée à des gestes quotidiens généralement peu dignes d'attention. En quoi l'importance accordée à de telles observations peut-elle surprendre un lecteur de roman ?

❿ En quoi le premier paragraphe annonce-t-il en quelque sorte le style du roman ?

.... **Vers la rédaction** ....

❶ Suivez les étapes proposées dans le but de rédiger une introduction qui conviendrait au sujet suivant : « En quoi ce début de récit contribue-t-il à faire de Meursault un antihéros, c'est-à-dire un personnage peu susceptible d'attirer la sympathie du lecteur ? »

a) Parmi les formulations suivantes, choisissez celle qui conviendrait le mieux à un « sujet amené ».

   a. L'existentialisme impose sa marque comme courant littéraire alors que l'Europe en guerre fait face à la dévastation de son territoire.

   b. La dictature est le régime politique dominant en Europe au moment de la Seconde Guerre mondiale.

   c. L'autobiographie* est la forme narrative la plus pratiquée par les écrivains de la postmodernité.

   d. Sensible au désarroi qui frappe les populations participant à la guerre, Albert Camus écrit un roman qui réussit à traduire le profond malaise existentiel des gens de cette époque.

b) Parmi les suivantes, dégagez trois idées qui vous inspireront pour le sujet divisé.

   a. Le personnage principal est pratiquement dénué d'émotions dans un moment où, au contraire, le lecteur s'attend à l'expression de sentiments (sinon, le comportement du personnage apparaît contre nature).

   b. Le personnage principal témoigne très ouvertement de son athéisme.

   c. Le personnage de Meursault semble un antihéros dépourvu de traits héroïques (milieu simple, aucune idéalisation).

   d. Le personnage de Meursault apparaît déjà avec les traits d'un assassin en puissance.

   e. Ce personnage semble prisonnier d'un morne quotidien.

⋆ : *Cf.* Glossaire

c) Rédigez l'introduction en utilisant les réponses précédentes de façon pertinente quitte à les modifier, et complétez le tout pour qu'on y trouve les articulations suivantes : le « sujet amené », le « sujet posé » et le « sujet divisé ».

d) Rédigez ensuite le développement en vous assurant de retenir des phrases-clés qui présentent les idées principales de chaque paragraphe et qui renvoient à ce qui est annoncé dans le sujet divisé. Dans chacun des paragraphes du développement, présentez des idées secondaires avec exemples ou citations à l'appui. Il est possible de commenter les exemples et les citations. Terminez chaque paragraphe par une phrase de clôture ou de transition, au choix.

e) Votre conclusion devra présenter une synthèse du texte et, si possible, une ouverture.

f) N'oubliez pas l'étape de la révision : vérifiez la logique du texte, l'orthographe et la grammaire. Si vous avez le temps, faites une ultime révision en partant de la dernière phrase vers la première, ce qui vous permettra de vous concentrer uniquement sur les aspects grammaticaux et orthographiques.

⓬ Montrez que le début de ce récit porte déjà l'empreinte de la thématique de l'absurde. Pour ce deuxième sujet de dissertation, inspirez-vous du modèle précédent et tenez compte de vos connaissances ou des exigences particulières de votre enseignant sur la façon de rédiger une dissertation.

Gérard Bessette, *Le libraire*

Spécialiste de la littérature québécoise et enseignant à l'université, Gérard Bessette (1920-2005) évolue comme romancier en adoptant des styles différents d'une œuvre à l'autre, depuis *La bagarre* (1958), de facture plutôt réaliste, jusqu'à sa dernière œuvre, *Le semestre* (1979), à caractère plus autobiographique. *Le libraire*, très manifestement influencé par *L'étranger*, demeure son roman le plus apprécié du public. Cette histoire d'intellectuel désillusionné traduit en effet l'atmosphère étouffante du Québec sous le gouvernement de Maurice Duplessis.

Les premières pages du roman mettent en scène Hervé Jodoin, qui arrive à Saint-Joachin afin d'y travailler comme commis à la librairie locale. Quelques lignes suffisent à dresser le portrait de cet antihéros résigné aux petits emplois, dont les loisirs se résument à boire de la bière en solitaire à la taverne du coin.

Ma première démarche en arrivant à Saint-Joachin, ç'a été de me chercher une chambre. Il ne me restait qu'une cinquantaine de dollars et je ne voulais pas coucher à l'hôtel. Une fois installé là, je me connais, j'y serais resté indéfiniment.

5 En descendant de l'autobus, j'étais très fatigué. Je suis entré dans le petit restaurant qui sert de terminus pour m'acheter des cigares. Comme la vendeuse me rendait ma monnaie, j'ai aperçu, sur une étagère, l'hebdomadaire local, *le Courrier de Saint-Joachin*. Je l'ai pris. Il datait de trois jours. Ça n'avait pas d'importance.

10 Je suis allé m'asseoir sur un des bancs de bois dans le coin du restaurant et j'ai ouvert la feuille à la section des petites annonces. On y offrait une dizaine de chambres à louer. J'ai noté les adresses dans un calepin, puis j'ai demandé à la serveuse le plan de la ville. Elle a paru surprise puis, après s'être gratté le front, elle a fouillé dans un tiroir rempli de paperasses, dont elle a finale-
15 ment extrait une carte jaunie. Elle a cru nécessaire de m'avertir qu'elle datait de plusieurs années. Elle a précisé que je pourrais m'en procurer une plus récente à la *Librairie Léon*. C'était l'établissement où je devais me présenter le lendemain en qualité de commis. Je ne tenais pas à m'y rendre à l'avance. J'ai assuré la serveuse que le vieux plan ferait très bien l'affaire.

20 Je suis retourné m'installer dans un box à table de formica où j'ai étalé la carte de Saint-Joachin. Ce n'est pas une ville à topographie compliquée. Dans une direction nord-sud, parallèlement à la petite rivière verte qui paraît ici interrompre à dessein ses méandres, s'alignent les avenues portant presque toutes des noms de saints et coupées à angle droit par les rues, numérotées
25 de une à vingt-huit sur la carte. Je dis: sur la carte, car je me suis aperçu que leur nombre a presque doublé depuis la publication de ce plan en 1936. Ça n'a d'ailleurs aucune importance, pour moi. La Librairie Léon, je le savais, se

trouve située à peu près au centre, dans la quatorzième rue. Comme je
déteste les déplacements, je désirais me loger le plus près possible de mon
30 travail.

[...]

Aux deux premières maisons où je sonnai, on me déclara que les chambres
étaient déjà louées. C'était probablement vrai. Je dis : probablement, car il
n'est pas impossible qu'on m'ait refusé à cause de mon apparence, de mes
vêtements surtout. Mon feutre, que je soulevais pourtant dès qu'on ouvrait
35 la porte, présente des bosselures insolites et une raie graisseuse qui ne sau-
raient échapper à un œil perspicace. Les manches de mon paletot s'éliment
et mon foulard n'est pas de la dernière propreté. Quant à ma figure, j'en ai
vu de plus laides, mais elle est pâle, affaissée, avec des rides profondes le long
des joues. Mais enfin, je suis présentable, et je m'explique avec une certaine
40 facilité. La preuve, c'est qu'aux deux adresses suivantes, on était prêt à
m'accepter. C'est moi qui ai refusé. Pas tellement à cause des chambres que
des matrones qui ont essayé de me tirer les vers du nez.

Je ne regrette pas mon refus. La chambre que j'occupe me satisfait pleine-
ment. Elle n'est pas grande, mais quelle importance ? Elle a onze pieds sur
45 huit et demi exactement. Je l'ai mesurée un soir que je n'avais rien à faire,
je veux dire avant d'avoir adopté ma routine actuelle. En réalité, je n'ai jamais
rien à faire le soir.

Gérard Bessette, *Le libraire*, © Ottawa, Canada, 1993, Éditions Pierre Tisseyre.

Questionnaire sur le texte de Bessette, *Le libraire*

❶ Parmi les suivantes, quelles sont les caractéristiques de l'écriture
de Camus que semble avoir retenu Gérard Bessette pour écrire *Le
libraire* ? Illustrez-les par des citations de votre choix.

a) Grande sobriété du style, notamment par l'usage de phrases
courtes.

b) Usage de plusieurs marques propres à la langue orale, dont
celui du passé composé comme temps de narration.

c) Lyrisme circonstanciel à caractère cosmique (images associées au soleil et à l'eau).

d) Répétition de phrases qui traduisent un sentiment d'indifférence au monde.

❷ Montrez que le choix de narration que fait Bessette est similaire à celui de Camus.

❸ Montrez que l'importance que Camus accorde au temps est ici remplacée par l'importance accordée à l'espace.

❹ Relevez la notation humoristique qui témoigne de l'importance qu'avait la religion au Québec avant la Révolution tranquille.

❺ Dans sa conception du personnage, par quelle caractéristique parmi les suivantes Bessette se montre-t-il plus proche du réalisme? Justifiez votre choix de réponse.

a) Il associe nettement son personnage à une classe sociale.

b) Il met l'accent sur l'ambition et la quête de pouvoir et d'argent.

c) Il s'assure d'une description détaillée afin que le lecteur visualise la scène.

d) Il utilise un point de vue narratif externe pour observer son personnage.

❻ Tel que présenté, ce personnage s'apparente-t-il plus à un antihéros qu'à un héros romanesque? Justifiez votre réponse.

.... **Vers la rédaction – Analyse croisée** ....

❶ En comparant cet extrait avec celui de *L'étranger*, montrez que l'influence de Camus sur le texte de Bessette est manifeste.

❷ Comparez le personnage de Meursault de *L'étranger* d'Albert Camus avec celui d'Hervé Jodoin du *Libraire* de Gérard Bessette, tel que chacun est présenté dans les premières pages de l'œuvre.

Lectures croisées – Premier atelier

Questionnaire sur le texte de Camus, L'étranger

❶ Résumez la proposition que fait à Meursault son patron. Comment Meursault réagit-il ?

❷ Au patron qui lui demande s'il est intéressé par un changement de vie, Meursault répond « qu'on ne changeait jamais de vie » (l. 911). Comment interprétez-vous le sens de cette phrase ?

❸ Relevez toutes les phrases qui traduisent le sentiment d'indifférence de Meursault à l'égard du monde.

❹ Selon le jugement de Marie, Meursault est « bizarre », ce qui est synonyme d'« étrange ». Donnez des preuves de cette « étrangeté ».

❺ Que peut-on déduire de la personnalité de Marie par ce court extrait ?

❻ On sent que Camus tient à distance toute forme d'idéalisation ou de mythification. Démontrez cette affirmation par rapport à un thème, celui de l'amour, puis par rapport à une ville, Paris.

❼ Parmi les suivants, quels sont les procédés narratifs utilisés par Camus dans cet extrait ? Donnez un exemple à l'appui de votre réponse.

    a) Le discours direct (paroles qui semblent prises sur le vif).

    b) Le discours indirect (paroles rapportées à l'aide d'un verbe déclaratif).

    c) Le discours indirect libre (paroles rapportées sans signe particulier).

    d) Le monologue intérieur.

e) La description.

❽ Quelle(s) caractéristique(s) du style de Camus se trouve(nt) illustrée(s) par cet extrait de *L'étranger* ? Donnez des exemples à l'appui de vos choix.

a) Le style oralisé (l'écriture traduit un niveau de langue familier, très proche de la langue orale).

b) La sobriété du style (la réduction des figures de style).

c) Le recours à l'humour.

d) La tonalité philosophique.

.... **Vers la rédaction** ....

❾ Montrez que cet extrait illustre la thématique de l'absurde.

❿ Analysez la représentation de l'amour dans cet extrait.

Stendhal (Henri Beyle, dit), *Le rouge et le noir*

Romancier connu pour son amour de l'art et de l'Italie, Stendhal (1783-1842) incarne la transition entre les courants romantique et réaliste : d'un côté, il est individualiste et porté à l'introspection ; de l'autre, il se montre naturellement sceptique à l'égard des dogmes et envers ceux qui s'en font les porte-drapeaux. Ses personnages, à la psychologie égotiste et au physique de séducteur, échouent dans leur projet d'ascension sociale. En observant les moindres gestes de leur vie quotidienne, Stendhal adopte un recul ironique qui lui permet en outre de révéler la médiocrité des milieux sociaux dans lesquels ils évoluent.

La scène suivante, tirée du roman *Le rouge et le noir*, présente Julien Sorel au moment où il projette de séduire Mme de Rênal, qui l'emploie à titre de proviseur pour ses enfants. Les multiples remarques qui jalonnent le texte trahissent le refus de Stendhal d'idéaliser l'amour.

Une soirée à la campagne

Ses regards, le lendemain, quand il revit Mme de Rênal, étaient singuliers; il l'observait comme un ennemi avec lequel il va falloir se battre. Ces regards, si différents de ceux de la veille, firent perdre la tête à Mme de Rênal: elle
5 avait été bonne pour lui, et il paraissait fâché. Elle ne pouvait détacher ses regards des siens.

La présence de Mme Derville permettait à Julien de moins parler et de s'occuper davantage de ce qu'il avait dans la tête. Son unique affaire, toute cette journée, fut de se fortifier par la lecture du livre inspiré qui retrempait
10 son âme.

Il abrégea beaucoup les leçons des enfants, et ensuite, quand la présence de Mme de Rênal vint le rappeler tout à fait aux soins de sa gloire, il décida qu'il fallait absolument qu'elle permît ce soir-là que sa main restât dans la sienne.

Le soleil en baissant, et rapprochant le moment décisif, fit battre le cœur de
15 Julien d'une façon singulière. La nuit vint. Il observa, avec une joie qui lui ôta un poids immense de dessus la poitrine, qu'elle serait fort obscure. Le ciel chargé de gros nuages, promenés par un vent très chaud, semblait annoncer une tempête. Les deux amies se promenèrent fort tard. Tout ce qu'elles faisaient ce soir-là semblait singulier à Julien. Elles jouissaient de ce
20 temps, qui, pour certaines âmes délicates, semble augmenter le plaisir d'aimer.

On s'assit enfin, Mme de Rênal à côté de Julien, et Mme Derville près de son amie. Préoccupé de ce qu'il allait tenter, Julien ne trouvait rien à dire. La conversation languissait.

25 Serai-je aussi tremblant, et malheureux au premier duel qui me viendra? se dit Julien, car il avait trop de méfiance et de lui et des autres, pour ne pas voir l'état de son âme.

Dans sa mortelle angoisse, tous les dangers lui eussent semblé préférables. Que de fois ne désira-t-il pas voir survenir à Mme de Rênal quelque affaire qui
30 l'obligeât de rentrer à la maison et de quitter le jardin! La violence que Julien était obligé de se faire était trop forte pour que sa voix ne fût pas profondément altérée; bientôt la voix de Mme de Rênal devint tremblante aussi, mais Julien ne s'en aperçut point. L'affreux combat que le devoir livrait à la timidité était trop pénible pour qu'il fût en état de rien observer hors
35 lui-même. Neuf heures trois quarts venaient de sonner à l'horloge du château, sans qu'il eût encore rien osé. Julien, indigné de sa lâcheté, se dit:

Au moment précis où dix heures sonneront, j'exécuterai ce que, pendant toute la journée, je me suis promis de faire ce soir, ou je monterai chez moi me brûler la cervelle.

40 Après un dernier moment d'attente et d'anxiété, pendant lequel l'excès de l'émotion mettait Julien comme hors de lui, dix heures sonnèrent à l'horloge qui était au-dessus de sa tête. Chaque coup de cette cloche fatale retentissait dans sa poitrine, et y causait comme un mouvement physique.

Enfin, comme le dernier coup de dix heures retentissait encore il étendit
45 la main et prit celle de Mme de Rênal, qui la retira aussitôt. Julien, sans trop savoir ce qu'il faisait, la saisit de nouveau. Quoique bien ému lui-même, il fut frappé de la froideur glaciale de la main qu'il prenait ; il la serrait avec une force convulsive ; on fit un dernier effort pour la lui ôter, mais enfin cette main lui resta.

50 Son âme fut inondée de bonheur, non qu'il aimât Mme de Rênal, mais un affreux supplice venait de cesser. Pour que Mme Derville ne s'aperçût de rien, il se crut obligé de parler ; sa voix alors était éclatante et forte. Celle de Mme de Rénal, au contraire, trahissait tant d'émotion, que son amie la crut malade et lui proposa de rentrer. Julien sentit le danger : si Mme de
55 Rênal rentre au salon, je vais retomber dans la position affreuse où j'ai passé la journée. J'ai tenu cette main trop peu de temps pour que cela compte comme un avantage qui m'est acquis.

Au moment où Mme Derville renouvelait la proposition de rentrer au salon, Julien serra fortement la main qu'on lui abandonnait.

60 Mme de Rênal, qui se levait déjà, se rassit, en disant d'une voix mourante :

— Je me sens, à la vérité, un peu malade, mais le grand air me fait du bien.

Stendhal, *Le rouge et le noir*, 1830.

Questionnaire sur le texte de Stendhal, *Le rouge et le noir*

❶ La conquête de Mme de Rênal est menée par Julien Sorel comme une campagne militaire. Pour le démontrer :

a) relevez toutes les expressions trahissant l'engagement du corps dans le processus de séduction;

b) indiquez quelle phrase exprime le cynisme de Julien, plus occupé à vaincre qu'à aimer;

c) repérez le moyen utilisé par Stendhal pour signifier la victoire de Julien Sorel sur Mme de Rênal.

❷ Dégagez tous les termes associés à l'idée de bataille.

❸ Parmi les suivants, quels sont les procédés narratifs utilisés par Stendhal dans cet extrait? Donnez un exemple à l'appui de votre réponse.

a) Le discours direct (paroles qui semblent prises sur le vif).

b) Le discours indirect (paroles rapportées à l'aide d'un verbe déclaratif).

c) Le discours indirect libre (paroles rapportées sans signe particulier).

d) Le monologue intérieur.

e) La description.

❹ Quelle(s) caractéristique(s) du style de Stendhal se trouve(nt) illustrée(s) par cet extrait? Donnez des exemples à l'appui de vos choix.

a) Une écriture adoptant un niveau de langue soutenu.

b) Un style qui favorise des figures de style significatives.

c) Une observation minutieuse qui se traduit en de multiples détails, permettant au lecteur de visualiser la scène.

d) Une tonalité émotive.

❺ Montrez que cet extrait illustre un des thèmes dominants du courant réaliste, celui du pouvoir, en tenant compte du fait que Julien est le subalterne de Mme de Rênal.

❶ Comparez la représentation des hommes et des femmes dans l'extrait de Camus et dans celui de Stendhal.

❷ Comparez la représentation du thème de l'amour dans les deux extraits.

❸ Comparez les deux extraits en tenant compte des aspects suivants : la conception des personnages, la thématique et le style.

Lectures croisées – Deuxième atelier

❶ Situez l'extrait par rapport à ce qui précède.

❷ Repérez les éléments significatifs de l'action.

a) Quels personnages ? Que savons-nous d'eux ? Dans quelle dynamique relationnelle se trouvent-ils ?

b) En quel temps et en quel lieu l'action se déroule-t-elle ?

❸ Énumérez la série de gestes ponctuels dont l'enchaînement entraîne l'inéluctable crime.

❹ Dégagez les quelques principes qui semblent faire partie, dans les circonstances, de la morale personnelle de Meursault.

❺ Meursault est un être de sensation et non un cérébral. Prouvez-le en relevant :

a) cinq perceptions sensorielles ;

b) cinq références au corps.

❻ Quelles sont les phrases qui donnent à penser que le hasard joue un rôle important dans cette scène ?

❼ Montrez que l'Arabe est relégué à un anonymat complet.

❽ « J'ai compris que j'avais détruit l'équilibre du jour » (l. 1346 et 1347).

a) Montrez qu'effectivement tous les éléments participent à ce drame, soit l'eau, l'air, la terre et le feu.

b) Montrez que le soleil se distingue par la place qu'il occupe dans le récit en tant que personnage à part entière.

❾ À la lecture de cet extrait, que peut-on déduire de la personnalité de Meursault ?

⑩ Le soleil, qui s'oppose à la mer par ses effets maléfiques, pourrait être tenu responsable du crime. Démontrez-le.

⑪ Les quatre éléments – eau, air, terre et feu – participent à la signification de ce récit. Démontrez-le.

⑫ Montrez que cet extrait contribue à faire de Meursault un antihéros.

Albert Camus, *L'étranger*, deuxième partie, chapitre 1

Extrait, pages 99 à 103, l. 77 à 180

❶ Expliquez en quoi les détails suivants (à première vue anodins) ou certaines formulations contribuent à faire évoluer l'intrigue.

  a) Dans le bureau où le juge d'instruction l'interroge, « Il faisait très chaud » (l. 80).

  b) À cause d'un contretemps, l'avocat de Meursault ne peut assister à l'interrogatoire.

  c) Par rapport à Meursault, le greffier s'installe « presque dans [s]on dos » (l. 85).

  d) Au lieu du verbe *asseoir*, Camus utilise la périphrase « Nous nous sommes [...] carrés dans nos fauteuils » (l. 86).

  e) Dans le cabinet du juge d'instruction, de grosses mouches se posent sur le visage de Meursault.

❷ Pourquoi la constatation du juge d'instruction « D'ailleurs, cela n'a aucune importance » (l. 92) apparaît-elle ironique ?

❸ Expliquez en quoi le greffier, sans jamais parler, contribue pourtant, à un moment donné, à souligner le caractère inattendu d'une réponse de Meursault.

❹ Au début de l'extrait, le juge d'instruction dit à Meursault : « Ce qui m'intéresse, c'est vous » (l. 94). Montrez que son comportement démontre l'inverse.

❺ À la lecture de cet extrait, qu'apprend-on de nouveau sur Meursault et que peut-on déduire de sa personnalité ?

❻ À la fin de son interrogatoire, Meursault en arrive à la conclusion qu'il n'est pas compris par le juge d'instruction. Partagez-vous son point de vue ?

❼ Peut-on dire que le comportement du juge d'instruction est plutôt invraisemblable dans l'exercice d'une telle fonction ?

❽ D'après vous, quelles étaient les intentions de Camus en écrivant ce passage, que cherchait-il à faire comprendre à son lecteur ?

.... **Vers la rédaction** ....

❾ Montrez que cet extrait véhicule une critique de la société (institutions, valeurs, etc.).

❿ Analysez la dynamique des relations entre les personnages dans cet extrait.

⓫ Analysez la représentation de la justice.

Albert Camus, *L'étranger,* deuxième partie, chapitre V : le dénouement

Dernier extrait, pages 140 à 143, l. 1314 à 1404

❶ Relevez les passages relatifs à l'espace en début d'extrait et expliquez en quoi ils contribuent à l'atmosphère du texte.

❷ Étudiez toutes les manifestations de l'énervement de Meursault face à l'aumônier.

❸ Relevez les passages qui montrent que Meursault considère les croyances religieuses comme des sujets triviaux (sans intérêt réel).

❹ Relevez les phrases qui se rapportent au fait que, vu d'un certain angle, les êtres humains sont tous condamnés à mourir. Expliquez-les en établissant des liens avec la thématique de l'absurde.

❺ Montrez que l'aumônier est présenté comme un être qui joue d'abord sur les émotions et les sentiments. Selon vous, le choix que fait Camus vise-t-il à discréditer l'aumônier auprès du lecteur ?

❻ Les dernières pages marquent un retour au sensoriel, mais ce retour contribue à l'effort de lucidité de Meursault. Démontrez-le et illustrez votre réponse.

❼ Montrez que le dénouement remet en question l'idée de l'indifférence de Meursault envers sa mère. En poussant plus loin l'analyse, peut-on dire que le roman traduit en filigrane une problématique propre à Meursault par rapport à sa propre mère ?

❽ « Je suis sûr qu'il vous est arrivé de souhaiter une autre vie » (l. 1324 et 1325). Quel est le sens de cette phrase, que l'aumônier adresse à Meursault ?

❾ Peut-on parler, dans le cas de *L'étranger*, d'une fin ouverte, c'est-à-dire d'une fin qui plonge le lecteur dans la perplexité, le plaçant devant plusieurs interprétations possibles ?

⑩ Que pensez-vous de l'affirmation de Meursault à la fin du roman disant qu'il accède pour la première fois à la liberté ? Pensez-vous qu'il accède plutôt à la lucidité ?

⑪ Selon vous, les deux formulations de la question 10 peuvent-elles être équivalentes (aux yeux de Camus, particulièrement) ?

⑫ Parmi les suivants, quels sont les procédés stylistiques mis à contribution dans cet extrait ? Démontrez votre choix avec des exemples à l'appui.

    a) Énumération.

    b) Antithèse.

    c) Répétition.

    d) Personnification.

    e) Comparaison.

    f) Métaphore.

    g) Métonymie.

.... **Vers la rédaction** ....

⑬ En quoi cet extrait illustre-t-il la thématique de l'absurde ?

L'étude de l'œuvre dans une démarche plus globale

La démarche proposée ici peut précéder ou suivre l'analyse par extrait. Elle entraîne une connaissance plus synthétique de l'œuvre, elle met l'accent sur la compréhension du récit complet. Les deux démarches peuvent être exclusives ou complémentaires.

Pour chacune des deux parties du roman, adoptez la démarche suivante qui tient compte des composantes du texte narratif, soit :

a) l'intrigue ;

b) les personnages ;

c) la thématique ;

d) l'organisation, le style et la tonalité du récit.

Intrigue

❶ Dressez le schéma narratif* du roman en complétant le tableau suivant.

❷ Faites un résumé de chacune des parties du roman ou du roman au complet, en tenant compte des informations que fournit le schéma narratif.

*: Cf. Glossaire

Situation initiale	Nœud de l'intrigue	Situation finale
• **Personnages centraux** • **Lieu fictif** • **Temps fictif**	• **Élément(s) déclencheurs(s)** • **Péripéties(s)**	• **Résultat de la quête** • **Solutions apportées au problème de départ** • **Échec ou réussite**
Les questions à poser **Qui ?** • Qui est le protagoniste principal (héros du récit) ? • Quels sont les autres personnages principaux ? • Comment se présentent-ils ou comment sont-ils décrits ? **Où ?** • Quel est le lieu de l'intrigue (pays, ville, etc.) ? **Quand ?** • À quel moment, à quelle époque se déroule l'intrigue ? **Pourquoi ?** • Quel semble être l'objet de la quête ? Que recherche le héros ?	Les questions à poser **Quoi ?** • Quel est l'élément déclencheur de l'action qui vient rompre l'équilibre initial ? • Comment le repérer ? Observez notamment les marqueurs de temps : « ce jour-là » (et autres) ou « soudainement » et autres synonymes comme « tout à coup », etc. **Comment ?** • Comment le personnage cherche-t-il à échapper au danger ou à se soustraire à la menace ? • Quelles sont les principales péripéties ? • Comment les autres personnages (adjuvants, opposants, etc.) se situent-ils par rapport à la quête du héros ? • Comment repérer les péripéties ? Observez particulièrement les conjonctions ou les adverbes suivants : *mais*, *alors*, *puis*, *ensuite*, etc.	Les questions à poser À quoi conduit la quête du héros ? • Comment se situe le héros par rapport aux autres personnages ayant participé à sa quête ? • Le héros a-t-il atteint son but ou échoué dans sa démarche ?

Personnages

Les personnages principaux

❶ Au fil du récit, comment évolue Meursault, le personnage principal ? Quel portrait peut-on en faire ?

Pour répondre à ces questions, adoptez la démarche suivante.

a) Rédigez la description de Meursault en tenant compte des aspects suivants :

    a. l'aspect physique ;

    b. l'aspect psychologique ;

    c. les valeurs associées à sa situation sociale ;

    d. ses croyances générales.

b) Tenez compte aussi des réponses aux questions qui suivent.

    a. Que pense-t-il de la vie en général ?

    b. Quelles sont les phrases qui dominent dans son propos ?

    c. Comment se comporte-t-il en général ?

    d. Comment se comporte-t-il avec les autres personnages (donc tout ce qui est en rapport avec la dynamique des relations) ?

    e. Comment évolue-t-il d'une partie à l'autre ?

❷ Dans la conception du personnage de Meursault, quel semble être l'effet visé sur le lecteur ?

❸ Montrez que Meursault est un antihéros.

Les personnages secondaires

❶ a) Au fil du récit, quels rôles sont attribués aux personnages secondaires, parmi lesquels Marie Cardona, Raymond Sintès, le vieux Salamano, le juge d'instruction, l'aumônier, etc. ?

b) Quelle relation les personnages secondaires entretiennent-ils avec Meursault ?

c) Sont-ils les représentants de la justice, de la religion, etc. ?

d) Quel(s) effet(s) suscite chaque personnage du roman sur le lecteur ? Tenez compte des possibilités suivantes et justifiez votre réponse.

a. Le rejet.

b. L'admiration.

c. La compassion.

d. Le respect ou l'indifférence.

e. La réflexion.

f. La curiosité.

Thématique

❶ Parmi les suivants, dégagez les réseaux thématiques (ou le thème du réseau) qui semblent prédominer dans chacune des parties ou dans chaque chapitre.

a) La vie et la mort.

b) Dieu et la religion.

c) L'amour, le désir et la séduction.

d) La justice.

e) L'amitié.

Justifiez votre choix.

Organisation du récit, style et tonalité

❶ Le premier chapitre met-il en place les principaux éléments qui serviront à la compréhension du roman ?

a) Fournir des indices sur la condition sociale des personnages et sur les relations qu'ils entretiennent.

b) Situer le lieu et l'époque.

c) Donner des indices sur la nature de l'intrigue.

d) Appréhender la suite des événements.

Justifiez votre réponse.

❷ Où peut-on situer le nœud de l'intrigue ? Justifiez votre choix.

❸ En ce qui concerne le dénouement :

a) Peut-on dire qu'il dénoue les fils de l'intrigue ?

b) Crée-t-il un effet de surprise ou était-il attendu ?

c) Comment se solde la quête du héros ? Meursault est-il puni ou récompensé ?

d) S'agit-il d'une fin tragique, comique, philosophique ou morale ?

e) Peut-on dire que ce roman est porteur de connaissances ? Lesquelles ?

❹ Commentez le caractère ambigu du dénouement.

❺ Ce roman a-t-il contribué au renouvellement du genre romanesque ou vous semble-t-il au contraire plutôt conforme à la tradition instaurée au XIXe siècle par les romanciers réalistes ?

Sujets d'analyse et de dissertation

Plusieurs pistes d'analyse portant sur l'œuvre complète sont maintenant disponibles, certaines plus faciles que d'autres. Pour favoriser la progression vers le plan, les premiers exemples sont déjà partiellement planifiés (comme suggestion d'exercices : compléter ou détailler ces plans) ; en revanche, les derniers sujets laissent toute la place à l'initiative personnelle.

❶ **Démontrez que Meursault est un antihéros.**

Esquisse de plan pour le développement.

Introduction

Sujet amené : puisez une idée dans la biographie de Camus ou dans la description de l'époque.

Sujet posé : reformulez le sujet en vous assurant de ne pas le trahir.

Sujet divisé : prévoyez un court résumé et annoncez les idées directrices des trois paragraphes du développement.

Développement

- Dans le premier paragraphe, décrivez les caractéristiques d'un antihéros.

- Dans le deuxième paragraphe, illustrez comment Meursault correspond à ces caractéristiques dans sa relation aux femmes de sa vie, sa mère et son amante.

- Dans le troisième paragraphe, montrez comment son comportement, aux moments du crime et du procès, est celui d'un antihéros.

- Dégagez les grandes articulations du roman et prenez garde de ne pas simplement répéter vos idées directrices ; essayez plutôt de les formuler de telle sorte que l'intérêt du lecteur soit maintenu.
- Idée d'ouverture : établissez des liens avec l'époque, la biographie de l'auteur ou d'autres œuvres.

❷ Analysez la représentation de l'amour.

Voici quelques aspects à considérer pour vous aider à rédiger votre dissertation :

- Observez la représentation de la femme à travers le personnage de Marie Cardona (sensualité, simplicité, légèreté).
- Relevez les scènes qui mettent en présence le couple.
- Faites des liens avec la symbolique de l'eau.
- Notez les idées de Meursault sur le mariage, sur l'engagement, etc.
- Notez comment ses idées vont à l'encontre de la façon dont l'amour est généralement considéré dans la société.
- Établissez des liens entre la banalisation de l'amour et la thématique de l'absurde.

❸ Comparez le dénouement (les dernières pages du roman) avec l'incipit (les premières pages) pour mettre en relief les différences ou les similitudes stylistiques, mais aussi l'évolution dans la relation de Meursault à sa mère et au monde en général.

❹ Répartissez les personnages entre les alliés de Meursault et ses opposants. Justifiez votre distribution et dégagez une vision sociale du roman qui tienne compte de cette exploration.

❺ Analysez la représentation de la liberté dans le roman, en étant sensible au fait qu'il existe plusieurs sortes de liberté et qu'on peut se libérer comme individu tout en étant emprisonné.

❻ Étudiez la représentation variée de «l'étrangeté» dans le roman et montrez comment cela contribue au sentiment de l'absurde. Une autre formulation de cette même question pourrait être : justifiez le titre du roman.

❼ Montrez que la révolte contient aussi une revendication de bonheur.

❽ Peut-on dire que le roman *L'étranger* correspond aux caractéristiques de la littérature engagée (écriture mise au service d'une idée ou d'un système idéologique, personnages militants, cadre social particulièrement significatif) ?

❾ Peut-on affirmer que la condamnation de Meursault a pour motif son attitude face à la mort de sa mère plutôt que le meurtre qu'il a commis ? Discutez cette assertion.

❿ Montrez que la mort est le véritable sujet du roman.

⓫ Montrez que le nom Meursault est en soi significatif et qu'il fournit des pistes d'interprétation du roman.

⓬ En quoi *L'étranger* est-il un roman algérien, c'est-à-dire représentatif de la réalité de ce pays à l'époque où Camus y vivait ?

⓭ On pourrait lire *L'étranger* comme une satire des institutions juridiques et du clergé. Commentez.

⓮ Commentez la citation suivante : «Cet étranger est par rapport à lui-même comme si un autre le voyait et parlait de lui. Il est tout à fait en dehors.» (Maurice Blanchot, cité dans Pierre Sauvage, *L'étranger d'Albert Camus*, p. 25.)

⓯ Des quatre éléments, montrez que l'eau est celui qui est toujours perçu comme bénéfique, parce qu'associé à Marie et au désir, et le feu, comme toujours négatif.

Glossaire

Pour étudier le récit : lexique de base et autres termes

Absurde : thème capital dans la pensée philosophique et littéraire de l'après-guerre, associé à l'angoisse existentielle puisque l'être humain, faisant face à la mort, doute de la consolation que représente l'idée de Dieu.

Antihéros : personnage peu sympathique ou proche de l'anonymat, placé au centre d'un roman, mais peu susceptible de provoquer l'identification du lecteur.

Antithéâtre (aussi appelé **théâtre de l'absurde** et **Nouveau théâtre**) : théâtre de l'après-guerre, centré sur la thématique de l'absurde, qui va à l'encontre des normes du théâtre traditionnel, dont les principaux représentants sont Samuel Beckett et Eugène Ionesco.

Autobiographie : récit de la vie de l'écrivain par lui-même.

Circulaire (Temps) : à l'opposé du temps linéaire des romanciers réalistes, il donne l'impression que l'intrigue n'avance pas, qu'elle fait des retours sur elle-même, notamment par la reprise d'anecdotes.

Cobra : mouvement artistique qui favorise le retour à une forme d'expression naïve ou primitive en art.

Colon : terme synonyme de pionnier, « qui ouvre de nouvelles terres », mais en assujettissant souvent les indigènes déjà établis sur ces terres. Par extension, le **colonialisme** est donc une pensée politique qui favorise les intérêts de la métropole au détriment de ceux de la colonie, sous prétexte, souvent, de supériorité culturelle. L'**anticolonialisme** vise l'affranchissement de toute colonie : ainsi en est-il de l'Algérie, qui souhaite devenir une nation indépendante de la métropole, soit la France dans ce cas précis.

Communisme : régime social d'inspiration marxiste, qui favorise la répartition égalitaire des biens. Les termes « capitalisme » et « libéralisme » en sont des antonymes.

Contempteur : synonyme de rival.

Cubisme : mouvement artistique d'avant-garde qui présente la réalité sous une forme géométrique.

Dictature : forme de gouvernement autocrate, sans droit de vote ni élections. Dictature d'Antonio Salazar, de 1932 à 1970 au Portugal ; de Francisco Franco en Espagne, de 1938 à 1975 ; de Benito Mussolini en Italie (régime fasciste), de 1925 à la fin de la guerre, qui sera exécuté par les communistes. Dictature d'Adolf Hitler en Allemagne (régime nazi), de 1933 jusqu'à son suicide à la fin de la guerre en 1945. Dictature de Joseph Staline, maître incontesté de l'URSS, de 1929 jusqu'à sa mort en 1953.

Fascisme : doctrine qui fait la promotion d'une forme de totalitarisme inspiré du gouvernement de Mussolini en Italie.

Gauche : en politique, elle est représentée par des partis ou des députés qui favorisent le changement politique, les réformes alors que la droite regroupe des députés qui préfèrent la continuité, le statu quo.

Guerre froide : période de rivalité, qui s'étend de 1947 à 1991, entre le camp communiste identifié à l'URSS et le camp capitaliste identifié aux États-Unis.

Humanisme : doctrine qui se donne comme principale préoccupation l'épanouissement de l'être humain.

Humour noir : forme d'humour, qui consiste à faire de l'esprit sur des sujets graves.

Impérialisme : politique expansionniste des superpuissances qui cherchent à contrôler le monde.

Interprétation : étant donné qu'une œuvre est par nature polysémique et que toute lecture est par nature interactive, l'interprétation est ce qui permet au lecteur de proposer des explications variées – mais non infinies – qui doivent s'appuyer sur des références à l'œuvre.

Intrigue : suite d'événements fictifs qui constituent l'histoire dans un récit.

Journal : compte rendu d'événements au fil des jours.

Lacunaire : se dit d'une œuvre littéraire qui semble cacher à la connaissance du lecteur des informations essentielles, ce qui renvoie à l'idée que la réalité est toujours partiellement insaisissable.

Littérature d'engagement : synonyme de littérature militante, qui favorise la prise de conscience du lecteur pour le porter à agir et à changer la réalité.

Lyrisme : expression de la sensibilité personnelle (présence du « je »), notamment associée au recours à des figures de style.

Métaphysique : réflexion à caractère philosophique, particulièrement sur l'existence de Dieu.

Narration : ensemble de procédés qui servent à raconter l'histoire.

Nationalisme : mouvement qui favorise l'accession à l'indépendance des colonies et la reconnaissance des droits des autochtones.

Nouveau roman : courant littéraire de l'après-guerre, qui favorise le renouvellement des formes romanesques, la sobriété du style, et qui est proche parent de l'antithéâtre par sa thématique. Ses principaux représentants et théoriciens : Alain Robbe-Grillet et Nathalie Sarraute.

Œuvre ouverte : récit dont le dénouement rend possibles de multiples interprétations de la part du lecteur.

Organisation chronologique : agencement des événements fictifs en ordre linéaire.

Personnage : être fictif fait de mots, qui constitue une des composantes essentielles du roman, porteur de la signification de l'œuvre.

Polémique : sujet à discussion.

Polyphonique : caractère d'un récit qui comporte plusieurs interventions de personnages secondaires venant raconter une anecdote qui s'insère dans le récit principal.

Protagoniste : synonyme de personnage principal.

Réalisme : mouvement littéraire de la seconde moitié du XIXe siècle qui favorise une écriture d'observation visant à instruire le lecteur de la dynamique sociale, généralement centrée sur la thématique de l'argent (valeur au cœur du capitalisme) et sur les rapports de pouvoir. Habituellement, le narrateur n'est pas représenté dans le texte.

Récit : tout texte qui comporte une histoire (ce qui est raconté) et une narration (la façon de raconter).

Révolution russe : renversement en 1917 du régime tzariste (une forme de gouvernement monarchiste) par les communistes, sous la direction de Lénine.

Rhétorique : ensemble de moyens, particulièrement l'usage de figures de style, pour rendre un énoncé convaincant.

Roman policier : catégorie de roman reconnaissable à certaines de ses caractéristiques : un crime, une enquête et un enquêteur, des suspects.

Schéma narratif : outil d'analyse, qui permet de dégager les composantes essentielles d'une histoire, de voir comment elles s'organisent dans le texte, donc de dresser en quelque sorte le plan du récit à partir de la situation initiale (de la première page, aussi appelée incipit) jusqu'à la situation finale (les dernières pages du récit, qui présentent le dénouement, aussi appelées excipit).

Style : ensemble des éléments qui caractérisent l'écriture d'un auteur. Par exemple : types de phrases, caractère imagé ou humoristique des phrases, niveau de langue, etc.

Surréalisme : courant artistique (1920-1950) favorisant l'accès aux rêves et à l'inconscient, notamment par le moyen de l'écriture automatique.

Terrorisme : recours à des actes de violence pour servir l'avancement d'une cause politique.

Thématique : réseau des grandes idées significatives d'un texte.

Totalitarisme : régime qui réprime toute possibilité d'opposition, surtout sur le plan politique, et qui exerce un plein contrôle sur les institutions nationales.

Tragédie : pièce de théâtre versifiée, répondant aux règles du classicisme, et qui place le noble héros face à des choix déchirants, mettant en jeu sa propre destinée et celle du royaume.

Transparence du style : écriture qui se met au service de l'histoire (donnant l'impression que l'histoire se raconte d'elle-même, comme dans les récits réalistes).

Bibliographie, filmographie et document audio

Ouvrages

– Gérard Bessette, *Le libraire*, Éd. Pierre Tisseyre, 1993.
– Albert Camus, *L'envers et l'endroit*, Idées NRF, Gallimard, 1970.
– Albert Camus, *Le mythe de Sisyphe*, Gallimard, 2001.
– Albert Camus, *Caligula*, Gallimard, 2006.
– Albert Camus, *Le malentendu*, Gallimard, 2006.
– Albert Camus, *Noces*, Gallimard, 1938.
– Albert Camus, *La chute*, Gallimard, 1956.
– Albert Camus, *La peste*, Gallimard, 1947.
– Albert Camus, *Le premier homme*, Gallimard, 1994.
– Simone de Beauvoir, *Les mandarins*, tomes I et II, Folio, Gallimard, 1954.
– Morvan Lebesque, *Camus par lui-même*, Écrivains de toujours, Éd. Du Seuil, 1963.
– José Lenzini, *Albert Camus*, Les Essentiels Milan, 1995.
– Herbert R. Lottman, *Albert Camus* (traduit de l'américain), Éd. Du Seuil, 1978.
– Michel Mougenot, *L'étranger d'Albert Camus*, Parcours de lecture, Éd. Bertrand-Lacoste, 1987.
– Bernard Pingaud, *Bernard Pingaud commente L'étranger d'Albert Camus*, Foliothèque, Gallimard, 1992.
– Pierre-Louis Rey, *L'homme révolté*, Littérature, n° 488, Découvertes Gallimard, 2006.
– Pierre-Louis Rey, *Albert Camus, une morale de la Beauté*, CDU Sedes, Questions de littérature, 2000.
– Pierre-Louis Rey, *L'étranger de Camus, analyse critique*, Hatier, 1970.

– Pierre Sauvage, *L'étranger d'Albert Camus*, Nathan, 1990.
– Céline Thérien, *Anthologie de la littérature d'expression française, du réalisme à la période contemporaine*, tome 2, 2e édition, Les Éditions CEC, 2005.
– Olivier Todd, *Albert Camus, une vie*, NRF, Gallimard, 1996.
– Élisabeth Vincent, *L'étranger, Albert Camus*, L'œuvre au clair, Bordas, 1990.

Magazines littéraires

– *Magazine littéraire* hors série, «Albert Camus, une pensée littéraire au zénith», janvier-février 2010.
– *Lire*, «Tout sur Camus», février 2010.
– *Figaro* hors série, «Camus, l'écriture, la révolte, la nostalgie», 2010.
– *Le Monde* hors série, «Albert Camus, la révolte et la liberté», 2010.

Filmographie

– *L'étranger (Lo straniero)*, adaptation cinématographique du roman d'Albert Camus par Luchino Visconti, avec Marcello Mastroianni, Anna Karina et Bernard Blier, 1967.

Document audio

Lecture de *L'étranger* par Albert Camus lui-même, sur le site de You Tube.

Note: *L'étranger* de Camus a été adapté pour le théâtre. Cette pièce a été à l'affiche tant en France qu'au Québec en septembre 2010.

Dans la même collection

Tristan et Iseut

BALZAC
La Peau de chagrin

BAUDELAIRE
Les Fleurs du mal

CORNEILLE
Le Cid

GAUTIER
Contes fantastiques

HUGO
Les Misérables

MARIVAUX
Le Jeu de l'amour et du hasard

MOLIÈRE
Dom Juan
Les Femmes savantes
Le Misanthrope

MUSSET
On ne badine pas avec l'amour

RACINE
Phèdre

VIAN
L'Écume des jours

VOLTAIRE
Candide
Zadig

ZOLA ET MAUPASSANT
Nouvelles réalistes